평범한 사람들의 행복 만들기

작은 이야기

1

작은 이야기

정채봉 · 류시화 엮음

1

샘터

차례

1. 가족

2. 평범한 행복 1

3. 시련을 딛고

당신한테만 할 이야기가 있습니다

나는 평생토록 엉겅퀴를 뽑아내고 꽃을 심으려고 노력해 왔습니다.
그 꽃이 생각과 마음속에서 자랄 수 있는 곳이면 어디에나.

-에이브러햄 링컨

당신한테만 할 이야기가 있습니다. 특별히 마음쓸 필요는 없습니다. 그냥 편안히, 나무 밑에 앉아 있으면 나무 밑에 앉은 그대로, 의자에 앉아 있으면 의자에 앉은 그대로, 차를 타고 가는 중이면 차를 타고 가는 그대로, 그냥 지금 그대로에서 허리띠를 한 구멍만 풀어 놓으면 편안해지듯이 그렇게 마음에 약간의 여유만 주면 됩니다.

자, 시작할까요? 당신한테만 묻겠습니다. 지금 하고 있는 당신의 그 일이 행복합니까? 무슨 배부른 소리냐고 반문할지도 모르겠군요. 살아가는 사실 하나만으로도 벅찬데, 오늘 속은 일도 분한데 무슨 딴 세상 이야기냐고. 물론, 충분히 이해합니다. 그럼 결론부터 우리 말을 하지요. 이 세상은 행복하기 위하여 있다는 사실입니다.

당신의 행복을 위하여 우리 두 사람은 이 책을 엮기로 하였습니

7

다. 당신이 사랑에 속눈을 뜨고, 좌절에서 희망을 보며 고통에서 진정한 기쁨을 일구어 내는 데 힘이 되고자 사금을 체로 걸러 내는 일 못지않게 혼신의 노력을 다하였습니다.

당신은 그동안 허상에 이끌려 다녔을 지도 모릅니다. 돈이 있어야, 권력이 있어야, 공부를 잘해야 그 길로만 행복이 오는 것으로 잘못 알고 있기도 하였을 것입니다. 그러나 여기 이 책을 보십시오. 돈이 없어도, 권력의 하수인이 아니어도, 공부를 못해도 행복한 사람들입니다. 사랑을 지키며, 역풍을 받을수록 더욱 치열하게 살며, 새끼 새 한 마리 구한 것을 어떤 훈장보다도 더 값지게 생각하며 '나는 행복하다'고 환호하는 사람들. 먼데서가 아닌 우리 땅의 그분들을 당신에게 소개하게 되어 얼마나 기쁜지 모르겠습니다.

당신도 알다시피 우리 두 사람은 아름다움이 가시 돋친 이 엉겅퀴 세상을 구원한다는 소박한 믿음을 가지고 있습니다. 이를 찾는 일과 전하는 일 또한 우리의 기쁜 사명이기도 합니다만 당신이 이 책을 당신 곁의 한 사람에게 전하여 그 사람의 가슴속에 뿌리내려 있는 엉겅퀴를 뽑아내고 꽃나무를 모종케 해준다면, 그렇게 계속해 나간다면 머지않은 앞날에 우리의 지상은 행복한 꽃세상이 되지 않겠습니까.

그런 행복한 믿음을 가지고 당신과 미소를 교환하는 지금이 진정 소중하군요. 행복한 시간입니다. 고맙습니다.

정채봉

이 책을 엮고 나서

정원을 아름답게 가꾸려면 땅을 고르고 잡초를 뽑아내야 한다. 그
다음엔 마음의 정원에다 사랑과 명상, 친절과 선, 그리고 지혜의 씨앗
들을 심고 잘 가꾸어야 한다. 이런 일을 꾸준히 실천한다면 당신의 영
혼은 차츰 향기로워질 것이고, 당신의 삶 역시 크게 달라질 것이다.

-그렌빌 클라이저

인생의 마지막에 이르러 우리는 우리가 소유한 땅의 크기보다
그 땅에 어떤 씨앗들을 뿌렸는가를 기준으로 심판받게 될 것입니
다. 그 씨앗들이란 자연주의자 그렌빌 클라이저가 말한 대로 사랑
과 명상, 친절과 선, 그리고 지혜의 씨앗들입니다.

우리 두 사람이 엮은 이 책에서 당신은 바로 그러한 씨앗들을 발
견하게 될 것입니다. 우리는 이 씨앗들이 당신이 소유하고 있는
마음의 밭에도 심어져 당신의 삶을 행복하고 풍요롭게 만들기를
희망합니다. 이 책을 엮으면서 우리는 가능하면 각각의 글들을 원
문 그대로 싣고자 노력했습니다. 어찌 보면 우리가 한 일은 많은
감동적인 글들을 주제별로 나눈 것에 지나지 않습니다. 가족, 평
범한 행복, 함께 사는 삶, 시련을 딛고, 잊을 수 없는 사람 등이

우리가 정한 주제입니다. 하지만 글쓴이의 문장력이 어떠하든 그 본래의 글에 손대지 않으려고 우리는 노력했습니다. 그 속에 담긴 순수한 감동을 다치게 하지 않기 위해서입니다.

여기 실린 글들은 20년 전에 씌어진 것도 있고 지난 달에 발표된 것도 있습니다. 글쓴이에 대한 소개는 그 글이 씌어졌던 당시의 것을 그대로 실었습니다. 따라서 20년 전에 학생이었던 사람은 지금 교수가 되었을 수도 있고, 공군 소위였던 사람은 대장이 되었을 수도 있습니다. 어떤 사람은 나이 들어 중년의 가장이 되었을 수도 있고, 글 속에 등장하는 어머니는 세상을 떠나셨을 수도 있습니다. 물가도 달라지고 교통 시설도 많이 변했습니다.

하지만 세월이 흘러도 변치 않은 것들이 있다는 걸 이 글들을 통해 우리는 느꼈습니다. 가족의 사랑, 희생, 나눔, 평범한 삶에서 엮어지는 행복이 그것입니다. 인간끼리의 진정한 소통이야말로 세상에서 가장 위대하다는 진리를 우리는 새삼 깨달았습니다.

종교 지도자 달라이 라마는 티베트 불교에 대해 묻는 서양 기자들에게 이렇게 말한 적이 있습니다.

"내가 따르는 종교는 아주 단순합니다. 사랑과 친절이 곧 나의 종교입니다."

우리 두 사람은 당신이 이 책을 읽고 그러한 종교의 실천자가 되기를 바랍니다. 또한 우리가 이 책을 만들면서 즐거웠듯이 당신역시 즐겁게 읽어 주기를 바랍니다.

류시화

1
가족

어느 사랑 이야기

작자 미상

사랑은 당신이 받고자 하는 것과는 아무 관계가 없다. 사랑은 오직
당신이 주고자 하는 것과 관계가 있다.

-캐더린 햅번

만년설을 이고 선 히말라야의 깊은 산골 마을에 어느 날 낯선 프
랑스 처녀가 찾아왔다. 그녀는 다음날부터 마을에 머물면서 날마
다 마을 앞 강가에 나가 앉아 하염없이 누군가를 기다렸다.

달이 가고 해가 가고, 몇십 년이 흘러갔다. 고왔던 그녀의 얼굴
엔 어느덧 하나둘 주름살이 늘어 갔고 까맣던 머리칼도 세월 속에
희어져 갔지만 속절없는 여인의 기다림은 한결같았다.

그러던 어느 봄날, 이제는 하얗게 할머니가 되어 강가에 앉아
있는 그녀 앞으로 상류로부터 무언가 둥둥 떠내려 왔다. 그것은
한 청년의 시체였다. 바로 여인이 일생을 바쳐 기다리고 기다린
그 사람이었던 것이다.

그 청년은 히말라야 등반을 떠났다가 행방불명이 된 여인의 약
혼자였다. 그녀는 어느 날인가는 꼭 눈 속에 묻힌 약혼자가 조금

씩 녹아 흐르는 물줄기를 따라 떠내려 오리라는 걸 믿고 그 산골 마을 강가에서 기다렸던 것이다.

할머니가 되어 버린 그녀는 몇십 년 전 히말라야로 떠날 때의 청년 모습 그대로인 약혼자를 껴안고 한없이 입을 맞추며 울었다.

평생을 바쳐 마침내 이룩한 사랑. 어디 사랑뿐인가. 쉽사리 이루기를 바라고 가볍게 단념하기를 잘하는 오늘의 우리에게 많은 것을 생각하게 해주는 아름다운 슬픈 이야기이다.

사랑은 기적을 낳는다

서정주

나는 중학교 2학년 여름에 지독한 열병인 장티푸스에 걸렸다. 서울의 내 하숙을 찾아오신 아버지를 따라 나는 그때 우리 집이 있던 전라북도 줄포라는 곳으로 공부도 중단하고 내려가야만 했다. 시골의 일본인 의사는 나를 다시 진찰해 보고, 딴 사람한테 전염시키지 않도록 나를 마을에서 멀리 떨어진 격리 병원으로 즉시 옮기게 했다.

가족 중 누구 하나 따라가서 병간호를 하는 것까지는 인정상 말리지 않았으나, 그 따라간 사람도 한 번 집을 나서면 거기서 나와 함께 격리된 생활을 해야 했다.

어머니는 조금도 주저하지 않고 나와 생사를 같이할 양으로 죽을지 살지 모르는 나를 홀로 따라오셨다.

장티푸스라는 병은 지금은 비교적 고치기 쉬운 병이지만, 1920년대 말인 그때만 해도 일본의 의학 수준이 열악해 한 번 걸리면 고치기 힘든 병이었다. '염병 3년에 땀도 못 내고 죽을 놈' 같은 욕설 그대로 염병이라고 불리는 이 장티푸스는 매우 치사율이 높은 죽음의 쇠망치를 든 염라대왕의 사신이었던 것이다.

격리 병원에 수용되어 있는 동안 내 열은 점점 더 치솟아 나는 옆에 계신 어머니까지도 몰라보게 되고, 늘 하늘 속을 피터팬처럼 날다가 흉악한 악마를 만나 목을 졸리거나 날카로운 낫으로 협박당하는 고된 환각의 나날을 보내게 되었다. 어느 때는 옆에 와서 찬물 베개를 갈아 넣어 주는 어머니를 악마로 보고 소리소리치며 대들기도 했다.

마침내 어느 날 일본인 공의는 이런 나를 와서 다시 진찰해 보곤 이젠 살 가망이 없다고 마지막 선고를 내렸다. 아버지는 의사의 선고를 듣고 조그만 꽃상여를 준비하라 이르고, 자기는 곧 살림을 작파하고 집을 떠나겠다고 말씀하셨다.

어머니는 이때부터 긴긴 기도를 시작하셨다. 어머니는 일정한 종교가 없으셨기 때문에 특별히 어떤 종교의 신을 향해서가 아니라 그냥 무턱대고 그렇게 하신 것이다.

"이 애를 살리시고 나를 대신 데려가소서!"

이 기도는 낮 동안에는 어머니의 마음속에서 계속되다가, 밤이 깊으면 흰 사발의 정화수에 담기고, 그 앞에 꿇어 엎드리는 당신의 절 속에 담겼다. 궂은 날이나 맑은 날이나 이 일은 날마다 계속되었으며, 그 동안은 잠도 거의 없이 지내셨다. 그리고 어머니는 한결같으신 정성으로 한 순간도 빈틈없이 내 곁을 지키며 찬물 베개와 찬 물수건을 갈아대시고, 미음을 쑤어 먹이셨다.

그래서 기적처럼 나는 서너 달 만에 나아 다시 성한 사람이 되었다. 내 회복은 전적으로 어머니의 그 무턱대고 한 기도의 힘과, 그 기도의 힘에 맞추어 빈틈없이 갈아댄 찬물 베개와 찬 물수건 덕분인 줄을 이제 나는 안다. (시인)

어머니와 보신탕

하근찬

　나는 보신탕을 먹는다. 그러나 혹시 어머니 앞에서 보신탕 이야기가 나오면 나는 시치미를 뚝 떼고 전혀 안 먹는 체한다.

　어머니는 독실한 불교 신자이시다. 매일 아침 염주를 헤아리며 염불을 하신다. 그리고 낮으로는 심심하면 관음경을 읽으신다. 절에 자주 가시는 것은 말할 것도 없다.

　그렇게 부처님에 대한 신심이 두터운 어머니께서 내가 개고기를 먹는다는 걸 아시면 큰일이다. 불교에 있어서 개고기는 절대 금기인 것이다.

　한 번은 내가 취중에 "아, 그놈의 보신탕 맛 좋더라" 하고 입 밖에 냈던 모양이다. 어머니의 노기는 대단하셨다. 노기라기보다 슬픔이라고 하는 게 옳을 것이다. 그렇기 때문에 내가 맨날 운수가 없는 것이며, 지금까지 집 한 칸 장만 못한 것이 다 왜 그런지 아느냐며, 집 없는 것까지 보신탕 탓으로 돌리시는 것이었다.

　그런 일이 있은 뒤부터 나는 어머니 앞에선 보신탕 배격주의자인 것처럼 시치미를 뗀다. 그런데 재미있는 것은 내게 처음으로 개고기를 먹인 사람이 다름아닌 어머니라는 사실이다. 어머니가

16

손수 개고기를 솥에 고아서 먹으라고 주셨던 것이다.

벌써 20년 전의 일이다. 국민 방위군에 나갔다가 돌아온 나는 반병신이 되어 있었다. 국민 방위군은 1.4후퇴 때 조직된 반군 반민의, 말하자면 예비 군대였다. 일명 '보따리 부대'라고도 했었다. 제각기 이불 보따리를 짊어지고 있었기 때문이다.

그 국민 방위군에 나갔다가 나는 팔 하나를 전혀 못 쓰는 불구자 비슷한 상태가 되어 귀향했다. 다친 일이 없는데도, 어떻게 된 셈인지 팔 하나가 전혀 말을 듣지 않았다. 그냥 밑으로 가만히 내리고만 있어도 쩌릿쩌릿하고 뻐근해서 견딜 수가 없었다. 그래서 새끼를 주워 가지고 붕대처럼 묶어 팔을 목에 걸고 집으로 돌아왔던 것이다.

다친 일이 없다면 그건 영양 부족 탓이라는 게 이웃 사람들의 말이었다. 그런 데는 무엇보다도 개고기가 최고라고 했다. 아닌게아니라 나는 팔 하나를 못 쓸 뿐 아니라, 여윌 대로 여위어서 몰골이 말이 아니었다. 그 말을 듣고 어머니는 서슴없이 개 한 마리를 사시는 것이었다. 그때 역시 어머니는 독실한 불교 신도이셨다.

보신탕을 먹을 때마다 나는 그때 일이 생각난다. 그것을 먹고 희한하게도 팔의 기능을 회복했으며, 몰골도 차츰 사람같이 되어 갔다.

어머니께서 지금은 보신탕이라고 하면 질겁을 하시지만, 만일 자식들 가운데 누가 중병에라도 걸려서 그 병에는 개고기가 최고라고 한다면 20년 전 그때와 마찬가지로 거침없이 또 개고기를 구하러 나서실 것이다. "관세음보살!" 하면서 말이다. 모성은 이렇게 신심에 앞서는 것이다. (작가)

눈물과 미소

오영희

일제의 발악이 한창 심하던 1938년, 동경 유학에서 돌아온 남편과 만나 결혼한 이후로 우리는 정말 수없는 고생을 겪으면서 살아왔다. 남편의 정치 생활은 늘 감옥과 연결지어졌고, 덕분에 우리 집은 평균 닷새에 하루는 남편 없는 쓸쓸한 집이었다.

나와 아이들은 남편이 돌아오지 않는 저녁마다 〈동심초〉와 〈별은 빛나고〉를 불렀다. 아이들은 우울해 있다가도 노래를 부르기 시작하면 다시 웃음을 되찾곤 했다. 노래가 끝나면 아이들에게 "아버지는 또 여행을 가셨단다. 며칠 안 오실 거야" 하고 말해 주는 생활이 20년은 계속되었다.

한 번은 교도소에 있는 남편에게 KBS를 통해 내 노래를 보낸 적도 있었다. 〈꿈길〉이란 노래였다.

꿈길밖에 길이 없어
꿈길로 가니
그 님은 나를 찾아
길 떠나셨네.

이 뒤엘랑 밤마다
어긋나는 꿈
같이 떠나 도중에서
만나 볼지고.

면회조차 허용되지 않던 그때이기에 나는 생각다 못해 노래라도
보내자고 결심한 것이 다행히 취침 전에 재소자들에게 들려주는
방송 시간에 나가게 된 것이다.

남편은 이 노래 사건으로 며칠 동안 감방 친구들에게 즐거운 놀
림을 받았다고 했다. 남편이 감옥에서 풀려 나와 집이라고 찾아왔
을 때 우리는 신촌 어느 고아원 방에서 다섯 식구가 옹기종기 살고
있었다. 비가 오기만 하면 천장에 깡통을 매달아야 하는 오막살이
였다. 그 모습에 남편은 기가 막힌 모양이었다. 하지만 우리는 큰
딸을 리더로 하는 가족 합창으로 남편을 맞이했다.

웃음과 눈물로 범벅이 된 남편의 그때 모습을 나는 지금도 잊을
수 없다. 신이 우리에게 주신 웃음과 늘 노래할 수 있는 마음이 어
떤 황금의 재산보다 소중한 것임을 우리 가족은 뼛속 깊이 느끼고
있었다. (주부)

무덤을 꽃으로 덮고

유광렬

나이가 사랑으로부터 당신을 보호해 주진 못한다. 하지만 사랑은 나이로부터 당신을 보호해 준다.

-쟌느 모로우

아내는 나보다 일찍 세상을 떴다. 1931년 내 나이 서른세 살일 때 당시 스물두 살인 아내와 결혼해 꼭 30년을 살다가 죽은 것이다.

죽던 날 조문 온 친구에게 내가 말했다.

"아내가 죽은 후에 내가 남은 세상을 살아갈 의미가 있는지 모르겠다."

그것은 극도의 놀라움, 슬픔, 실망에서 나온 말이었다. 누구나 다 그렇겠지만 아내는 행복과 불행을 같이해 온 한 몸과 같다. 옛사람이 부부일체라고 한 말은 당연하다. 그런 중에도 나는 아내가 좀더 유능한 사람에게 시집갔더라면 더 낫게 살고 행복을 누릴 것을, 나 같은 무능한 사람에게 와서 고생만 하다가 죽었다고 생각하니 아내가 한없이 가엾고 불쌍하다.

아내는 일평생을 나를 위해 희생했다. 여관으로 떠돌아 다니던 내가 집을 마련하고 농토를 사들이며 조상의 선산을 보존하게 된 것은 모두 아내 덕이다. 죽기 전 10년은 내가 국회의원 입후보를 해서 두 번에 걸쳐 1,200만 환의 빚을 졌었는데, 그 빚을 다 갚고도 450만 환을 저축해 그가 죽던 해에 그 돈으로 당선되었으니, 그 정성은 깊은 잠 들기 전에는 잊지 못한다. 이러느라고 그는 나들이옷 한 가지도 똑똑히 못해 입고, 내복도 노닥노닥 기워 입어서 앉으려면 엉덩이가 받쳐 아프다고 했다.

아내가 죽은 후 얼마 동안, 나는 너무 실망해 몇 달 동안 몸져 누워 있었다. 그러나 그가 생전에 나를 위해 그렇게까지 정성을 쏟던 일을 성취하는 것이 그의 혼이나마 위로하는 길이라고 생각했다. 나는 다시 기운을 차려 선거전에 뛰어들었으며 마침내 당선을 했다.

나는 맨 먼저 당선 통지서와 함께 꽃을 한 아름 사 갖고 그의 무덤을 찾아가 무덤 전체를 꽃으로 덮고 울고 또 울었다.

나는 평소에 아내를 믿었으므로 월급을 타면 봉투째로 갖다 맡기고, 용돈은 아침에 나올 때 타 갖고 나왔었다. 종일 직장에서 피곤했던 몸으로 돌아가면 아내는 집 어귀 가게에 나와서 기다리다가 둘이 나란히 걸어 들어갔다. 이것을 본 이웃 할머니가 말하곤 했다.

"내외분이 꼭 같이 다니시는구먼요."

그러면 나는 이렇게 말했었다.

"우리 집은 나 혼자만 버는 것이 아니라 이렇게 둘이 같이 번답니다."

이 '같이 번다'는 말 속에는 아내에 대한 고마움이 담겨 있었다.

지금과는 세상이 다르지만, 아내는 머리를 곱게 빗어서 쪽을 쪘었다. 새빨간 댕기를 넣어 쪽을 찌면서 "댕기는 남편이라는데…" 하면서, 나 늙는 것을 안타까워하고 서글퍼하더니 먼저 갔다. 밤이면 잠자리를 봐주고, 덮은 이불의 내 어깨 있는 데를 바람 들어가지 말라고 꼭꼭 눌러 주던 것이 잊혀지지 않는다.

젊은 사람들 중에는 남녀간의 연애를 높이 평가하는 이가 있다. 그러나 나는 연애가 시냇물 같다면 부부애는 헤아릴 수 없이 넓고 깊은 바다 같다고 여긴다. (한국일보 논설위원)

돌아눕는 행복

김상호

어머니가 심한 화상을 입고 병원에 입원하셨다. 부엌에서의 부주의로 하반신에 끔찍한 화상을 입으신 것이다. 어머니는 꼼짝도 못한 채 누워 계셨고, 어쩌다 잠결에 몸을 잘못 움직이면 상처가 침대 천에 닿아 쓰라린 아픔으로 신음하셨다. 그렇게 보름이 넘도록 어머니는 몸 한 번 마음대로 움직이지 못하고 병상에서 치료를 받아야 했다. 하루는 작은형님이 어머니의 귀에 대고 조용히 물었다.

"어머니, 얼마나 아프세요?"

"천 번 죽고 천 번 사는 아픔이구나."

우리는 눈물을 글썽거리며 어머니의 고통을 같이 나눠 갖지 못하는 안타까움에 가슴이 아팠다. 하루는 옆에서 지켜보고 있는 내 손을 잡고 어머니가 조용히 말씀하셨다.

"얘야, 나는 지금 너희들을 위해 기도드리고 있다. 너희들의 아픔을 모두 나에게 주십사고 말이다. 지금 나의 이 고통에 너희 고통까지 모두 합쳐서 내가 다 받겠다고 말이다. 내 기도가 이루어져서 앞으로는 너희들이 고통을 받지 않게 되기를 나는 지금 빌고 있단다."

　며칠 후 어머니는 말없이 숨을 거두셨다.

　그로부터 어느새 7년이 흘렀다. 나는 나도 모르는 사이에 한 가지 행복을 느끼는 버릇이 생겼다. 그것은 밤에 잠자리에 들어서, 돌아누울 때마다 느끼는 행복감이다. 아, 내 몸이 이렇게도 자유스럽게 움직일 수 있구나. 돌아눕는 행복, 이것은 어머니가 내게 물려주신 값비싼 선물이다. (공군 중령)

골수에 스며든 손 기운

이주홍

나는 이 세상에 태어나서 어떤 아름다운 여자도 알기 전에 맨 먼저 내 어머니가 가장 아름다운 여자라는 것을 깨달았다.

남보다 유난히 가난했던 어머니는 한 번도 남들처럼 고운 옷 입으신 모습을 보여 주시지 않으셨고, 보름이나 한 달 만에나 끓일까말까 한 고깃국이었음에도 고기를 아버지와 내게 사양하시고 혼자서는 언제나 뼈다귀만 쭐쭐 소리내어 빠시는 것으로 만족해 하셨다.

어머니는 여느 어머니들처럼 착한 사람이 되려면 공부를 착실히 해야 한다는 따위의 재촉은 하지 않으셨다. 내가 책상머리에 앉아 있으면 공부를 하는가 어쩌는가 하여 미소 지은 눈으로 내 하는 양을 지켜보고만 계실 뿐이었다. 내가 있는 자리에선 나를 자랑하는 일이 없다가 내가 보이지 않는 데에서만 이웃 어머니들에게 내 장점을 자랑하시던 어머니였다. 어릴 적부터 양친을 여읜 아버지는 고아처럼 삼촌 밑에서 설움으로 지내 왔기 때문에 어머니 역시 같은 운명에 휩싸여 무진한 설움을 참아 내지 않으면 안되셨다.

아버지의 삼촌 곧 나의 종조부께서는 엄할 땐 엄해도 아낄 땐 아껴 주셨지만 숙모, 아버지의 숙모 곧 내 종조모만은 천하에 보기 드문 악녀였다. 어머니에게서 옛날이야기를 들을 때 매구(마귀) 할망이 나오면 그 매구가 바로 종조모로 상상이 되었을 만큼 그녀는 못된 성격을 가진 사람이었다. 내가 거위를 겁내어 소스라쳐 옆으로 비켜나면 일부러 거위를 부채질해 나를 물게 해놓고 혼자서 웃으며 좋아하던 징그러운 여자였다.

그런데도 어머니는 한 마디의 말씀도 없이 그 집에 가서 부엌일을 하고, 방아를 찧고, 빨래를 해주면서 천 날이 하루같이 말없이 시중을 들어 주었다. 저녁 설거지를 끝내고 깜깜해져서야 어머니는 아버지에게 드릴 밥을 이고서 10리 길이나 되는 무서운 귀신바위 고개를 넘어 집으로 돌아오셨다. 어느 고대 소설의 불행한 여주인공보다도 더 가련했던 어머니!

그러나 그 어머니의 손에 잡혀 어두운 고갯길을 넘어지며 자빠지며 함께 걸어 다닌 나는 세상에서 둘도 없이 행복한 아이였다. 거위는 꽥꽥 소리를 지르며 나를 물어뜯었어도 행복은 아주 나를 외면해 버리지 않았다. 그렇지 않았다면 골수에까지 스며들던 어머니의 그 따스한 손 기운이 지금까지 내 팔목에 그대로 남아 있을 수 없을 테니 말이다.

지금은 평생을 괴롭히던 가난을 욕 주고, 부른 밥 편한 잠으로 모시고 싶어도 어머니는 이미 이 누리에 계시지 않는다. (작가)

겨울 진달래

김현순

그해 겨울은 우리에게 정말 너무도 지루하고 혹독했다. 나와 내 남동생은 전쟁에 나갔던 외삼촌이 얻어 온 병에 감염되어 한겨울을 꼬박 춥고 어두운 방안에 처박혀 지냈다. 단 한 사람 어머니만은 무사해서 우리들의 병 수발을 들어 주셨는데, 말이 쉬워 그렇지 어머니로선 차라리 죽느니만 못한 극한 상황이었다. 마을에선 '염병집'이라고 우리 집 둘레에 새끼줄을 둘러치고 완전 격리시켜 우물물마저 길어 먹을 수 없었다. 그러나 삼촌과 동생은 끝내 그 겨울을 넘기지 못하고 언 땅에 묻혔다.

어머니는 원래 심신이 매우 허약한 분이셨다. 그전까지만 해도 동생과 내가 심하게 울며 보채거나 아버지가 난폭하게 주정이라도 부릴 양이면 어머니는 그냥 어쩔 줄 몰라 하다가 그대로 우리와 함께 울어 버리곤 하셨다.

천성이 워낙 착하신 데다가 외동딸로 자랐기 때문에 그럴 수밖에 없으셨겠지만, 어린 나는 늘 어머니가 이웃의 드세고 강한 아줌마들과 비교되어 못마땅하게만 여겼다. 포성 속에 여름이 가고 낙엽이 쌓이는 굴참나무 숲길을 따라 징용당한 아버지가 떠나가던 그날도 어머니는 부엌 바닥에 쪼그려 앉아 한없이 울기만 하셨다.

그러니까 서른세 살인 그때까지만 해도 어머니는 여전히 울보였고 살아가는 일에 있어선 차라리 산나리꽃이나 묏새보다도 자신이 없으셨던 것이다.

그런데 그렇던 어머니가 어떻게 해서 그 고난에 찬 겨울을 살아낼 수 있었을까? 참으로 불가사의한 일이었다. 그것을 단순한 모성애라는 한 마디로 납득하기에는 설명이 부족했다. 과연 어머니의 내부 어느 곳에 그렇듯 치열한 의지가 숨어 있었을까?

그러나 어쩌됐든 나는 아직도 바닷물처럼 출렁거리던 그 해맑은 봄날의 옥빛 하늘을 기억하고 있다.

그날 나는 앓아 누운 뒤 처음으로 양지 쪽에서 놀고 있는 내 또래 조무래기들의 왁자지껄한 소리를 따라 밖으로 나오던 길이었다. 어느 정도 회복이 되었다곤 하지만 겨우내 한쪽으로만 누워 병을 앓았기 때문에 왼쪽 팔다리가 완전히 마비되어 있었다. 어머니의 애타는 노력으로 조금씩 걸음마를 새로 시작하고 있던 터였지만 아직은 기어 다니는 편이 편할 때였다.

밖으로 나오자마자 나는 눈을 파고드는 강렬한 햇빛 때문에 그만 하늘이 출렁거리는 현기증을 느끼고 그 자리에 나둥그러지고 말았다. 얼른 일어나야겠다고 생각했지만 팔다리가 말을 듣지 않았다.

'결국 이렇게 나도 동생처럼 죽어 버리고 마는구나.'

엄습해 오는 공포와 절망감을 떨쳐 버리려고 나는 혼신의 힘을 기울여 버둥거렸다.

그때였다. 마치 꿈속에서처럼 아련하게 어머니의 목소리가 들려 왔다.

"오오, 우리 현순이가 바깥 나들이를 나왔네. 장하기도 해라."

눈을 떠보니 어머니가 외삼촌과 동생의 무덤을 다녀오는 길인 듯 새하얀 옥양목 치마 저고리의 소복 차림으로 저만치 서 계셨다. 손에는 산에서 갓 꺾어 온 진달래꽃 가지가 한 움큼 쥐어져 있었다.

"엄마…."

나는 울먹이며 어머니에게 손을 내밀었다. 그러자 어머니가 곁으로 다가와 몸을 굽히고 내 눈을 가만히 들여다보며 조용히 말씀하셨다.

"한 번 너 혼자 일어서 보렴. 어제 방에서 하던 것처럼 말야."

진달래꽃 무더기에 반쯤 가리워진 어머니의 얼굴, 아니 그 두 눈. 아, 나는 지금도 잊을 수 없다. 그것은 이미 예전의 그 나약하던, 금방이라도 눈물이 떨어질 듯 젖어 있던 그런 눈이 아니었다. 한없는 슬픔과 간구, 연민과 애정을 안으로 가라앉힌, 그러면서도 무한한 신뢰와 용기를 불러일으켜 주는 따스한 눈빛이었다. 그것은 가슴 저미는 외로움과 싸우면서 혹독한 시련과 고생을 이겨 낸 어머니만의 두 눈이었다.

"응, 엄마. 이제 나 혼자 일어날 수 있을 것 같아."

나는 그때 이미 어머니의 그런 눈빛과 한 마디의 말만으로 모든 공포와 절망감을 물리쳐 버린 뒤였다. (주부)

20년 만의 부활

박경학

격리된 이방 지대에서 주검처럼 살아가는 내게 편지가 왔다. 20년 5개월 만에 큰딸한테서 편지가 온 것이다.

〈신촌 할아버지의 격려 말씀대로 저희 사남매는 가난과 역경 속에서 굴하지 않고 살아왔습니다. 어머니의 말씀대로 아버지는 이 세상에 안 계신 것으로 믿고 저희들끼리 어머니를 도와 삶을 개척해 나갔습니다.

엄청난 시간이 흘렀군요. 10년이면 강산도 변한다는데 10년하고 또 10년이 지났습니다. 어머니의 의사에 따라 저희들은 한 번도 아버지를 면회 가지 않았습니다. 편지도 드리지 않았구요. 그러나 아버지는 반드시 살아 계실 것으로 어머니와 저희는 믿고 있습니다. 어머니와 저희가 이렇게 살아 있는 것처럼 말예요.

작년 어느 봄날이었습니다. 남들은 꽃놀이를 간다고 야단인데 문턱에 기대 선 어머니는 남쪽 하늘을 바라보며 말씀하셨습니다.

"이젠 네 아버지에게 편지도 하고 면회도 가야겠다."

어머니의 주름진 얼굴에는 말할 수 없는 슬픔이 깃들여 있었습니다. 제 눈에서는 자꾸만 눈물이 쏟아져 나왔습니다. 그후 저는

30

몇 번이나 편지를 쓰려고 망설였습니다. 어머니도 편지지를 앞에 놓고 눈물만 닦다가 그만두기를 수없이 되풀이하셨습니다. 무슨 말을 어떻게 써야 할지 좀처럼 생각이 떠오르지 않으시는 것 같았습니다. 쌓이고 겹친 슬픔을, 가슴속 깊이 맺힌 한의 실뭉치를 어머니는 좀처럼 풀어헤칠 수가 없으셨던 겁니다.

저는 벌써 10년 전에 결혼해서 두 아이의 엄마가 되었습니다. 애 아빠는 기술자로 중동에 가 있는데 돌아올 때가 되었습니다. 초라하지만 작은 집도 한 채 장만했습니다. 아들딸 둘을 둔 영이(둘째딸)도 8년 전에 결혼해 지금은 집을 사려고 조그마한 공장에서 부부가 열심히 일하고 있는 중입니다.

미숙(셋째딸)이는 딸만 하나 두었는데 그 애 이름이 지연이라고 합니다. 지연이는 미숙이의 어릴 때 모습과 꼭 닮았습니다. 미숙이의 남편도 중동에 가 있다가 얼마 전에 돌아왔습니다.

석이(아들)에게선 아버지의 무릎에 앉아 응석 부리던 네 살 때의 그 모습을 털끝만치도 찾아볼 수 없습니다. 어릴 때의 별명이 고바우였듯이 뚱뚱하고 눈이 작은 개구쟁이였는데 지금은 의젓한 스물네 살의 청년이 되었습니다. 고등학교를 졸업하고 대학에 진학 못하는 것을 무척 서운하게 여기는 석이에게 아버지에 대한 자세한 이야기를 들려주었습니다. 그때는 별 감흥 없이 듣고 있었지만 그게 아니었습니다. 내색은 하지 않아도 깊은 감동이 있었던 모양입니다. 눈에 띄게 과묵하고 진실하고 부지런해졌습니다. 아버지가 나오실 때까지 집을 장만한다고 열성이 대단합니다. 몇 푼 안되는 월급을 모아 집을 산다는 것은 만만찮은 일입니다. 그러나 그 애의 결심도 만만찮습니다.

더욱 대견하고 고마운 일은 기림동 아저씨(나의 이종 사촌 동생)가 성공한 일입니다. 맨손으로 피난 나온 아저씨는 지게를 지고 막벌이를 하는가 하면 쓰레기를 치우는 청소부, 청계천 다리 위에서 고물장수 등 차마 볼 수 없는 고생을 하면서도 두 가지 신념을 굽히지 않았습니다. 하느님을 믿고 의지하는 신앙심과 잘살아야겠다는 피나는 의지가 그것입니다. 그렇게 어려운 가운데서도 아저씨는 물심양면으로 저희들을 언제나 도와 주셨습니다. 작년 6월, 15년 간의 각고 끝에 지어 놓은 아저씨네로 집 구경을 갔습니다. 아저씨가 손수 돌을 다듬고 시멘트를 이겨서 지은 집이라고 하시더군요. 그렇게 아담하고 튼튼한 집이 또 있을까 싶었습니다. 볼품보다는 실용적인 면을 중요시한 집이었습니다. 송진 냄새가 싱싱한 응접실에는 우리 나라 지도가 커다랗게 걸려 있었습니다. 아저씨는 그 지도를 바라보며 말씀하셨습니다.

"형님이 죽지 않고 살아 나와야 할 텐데."

혼자말처럼 나직이 하는 말이었지만 그 속에는 억제할 수 없는 그리움과 연민의 정이 깃들여 있었습니다.

아버지를 잃고 울며 헤매던 저희들은 20년이 지난 오늘, 죽었다는 아버지가 다시 환생하는 기쁨의 그날을 두 손 모아 기다리고 있습니다. 그리고 가족 사진 한 장 보내 드립니다.〉

편지를 다 읽고 나니 눈물이 핑 돌았다. 그러면서도 미소가 번졌다. 나는 편지를 보다가 사진을 보고, 사진을 보다가 편지를 읽곤 했다. 그로부터 3개월 후인 12월 24일 크리스마스 이브에 나는 특별 가석방으로 출소하게 되었다. 20년 7개월 만의 출감이었다.

(수기 당선작)

손가락을 이식시켜 주세요

정혜숙

어느 날 아침, 내가 근무하고 있는 병원에서의 일이다. 젊은 처녀와 그녀의 어머니가 내가 막 출근하자마자 진료실 문을 열고 들어섰다.

두 사람은 왠지 무척 초조하고 창백해 보였다. 그들은 한참 동안 말이 없더니 마침내 처녀의 어머니가 더듬거리며 말문을 열었다.

"저, 의사 선생님. 제 딸이 다음달에 시집을 가는데⋯."

그녀는 하던 말을 중단하고 옆에 앉아 있는 딸의 손을 감싸 쥐었다가 펴더니 말을 이었다.

"선생님, 제 딸이 어렸을 적에 시골 할머니 집에 놀러 갔다가 잘못해서 왼손 손가락을 모두 잘렸어요. 그런데 손가락 네 개는 어릴 때 이식을 시켰는데, 나머지 한 손가락은 아직 이식시키지 못했어요. 저, 선생님. 지금도 이식 수술이 가능할까요? 딸이 시집 갈 날이 점점 다가오는데, 반지 낄 손가락이 없어서 저 애나 저나 매일 눈물이에요. 저의 손가락이라도 이식시키고 싶어서 이렇게 선생님을 찾아왔습니다⋯."

어느새 그 어머니의 눈에서는 눈물이 흘러내렸다.

"아. 네. 이식 수술이 가능합니다."

그렇게 말하는 원장 선생님의 목소리가 어떤 감동으로 떨리고 있었다.

결혼할 날은 가까이 다가오는데 반지 낄 손가락이 없는 딸을 위해 자신의 손가락을 이식시키려는 어머니의 마음에 나도 모르게 마음속으로 울고 말았다. (간호사)

검불 장사 콩나물 장사

김금홍

올해 예순넷이 된 저는 레슬링 선수 장창선의 에미 되는 사람입니다. 오늘이 '어버이날'이라고 창선이가 내 늙은 가슴에 카네이션을 달아 줘, 꽃을 달고 시장에 나왔습니다.

저는 인천 신포 시장에서 평생 동안 콩나물만 팔며 살아왔습니다. 콩나물 팔아서 딸 둘, 아들 하나 굶어 죽지 않게 잘 키우고 손주까지 봤으니 이제 저는 이제 더 이상 바랄 게 없습니다. 남들은 창선이 같은 효자 아들을 두었으면서 왜 아직도 콩나물 장사를 하느냐고 합니다만, 저는 이 장사를 안하면 할 일이 없습니다.

창선이와 며느리도 제발 좀 시장에 나가지 말라고 해서 크게 싸움까지 했습니다만, 이제는 제 고집에 지쳐서 더 이상 말리지 않습니다. 저는 이렇게 말합니다.

"내가 몸이 성하니까 그렇지, 몸만 아파 봐라. 콩나물 장사 하고 싶어도 못한다."

아들이 사업을 해서 입에 풀칠할 만하다고 늙은 에미가 집에 들어앉아 있으면 뭘 합니까. 이렇게 시장 바닥에라도 나와 앉아 있는 게 더 좋은 걸요.

10원때기, 100원때기 하는 검불 장사인 콩나물 장사를 한다고 어디 큰돈을 버는 겁니까. 그날그날 물건 값 떼고 손주들 사탕이 라도 사들고 들어가는 게 재미있어서 하는 것이지 결코 돈이 그리워서 하는 장사는 아닙니다.

이 장사로 창선이 운동시켜서 은메달('64년 동경 올림픽 때를 말함)을 따게 하고 지금까지 죽지 않고 살아온 것만으로도 즐겁고 고마운 일입니다.

새벽에 시장에 나와 콩나물, 고사리, 도라지, 숙주나물, 미역줄기 같은 것들을 매만지면 무척 즐거워집니다. 그중에서도 나물 가운데 가장 어른 격인 콩나물을 수북수북 추스르면 저는 마치 제 손주 녀석과 같은 마음이 됩니다. 요즘은 불경기라 그런지 이 장사마저도 잘 안됩니다. 그래도 없으면 없는 대로 살고 싶지, 남에게 손 벌리기 싫어서 이대로 주저앉아 있습니다. 못 팔면 안 먹고, 팔리면 밥해 먹고, 조금 팔면 죽 쑤어 먹고 살면 됩니다. (이 글은 기자가 장창선 씨의 어머니를 인천 신포 시장으로 찾아가 받아 적은 것이다.)

콩나물 장사의 아들

장창선

콩나물 장사 40년, 이것이 일흔의 나이로 돌아가신 지 이제 백일도 안된 우리 어머니를 설명하는 말의 전부이다.

1966년 '세계 아마추어 레슬링 선수권 대회'에서 내가 금메달을 딸 때도 어머니는 콩나물을 파느라 내 소식을 모르셨다. 텔레비전을 본 시장 사람들이 "당신 아들이 금메달을 땄다"고 알려 주었고, 방송국에서 "콩나물 장사 아들이 세계에서 1등을 했다"며 취재를 하려고 어머니에게 달려와서야 겨우 금메달 소식을 들으셨다.

내가 귀국하던 날, 트랩을 내려서자 여전히 고쟁이에 돈주머니를 찬 어머니는 그만 내 앞에 풀썩 엎어져 한없이 우셨다. 강한 줄만 알았던 우리 어머니, 고생으로 다져진 어머니의 다부진 모습만 보아 온 나는 그때 얼마나 서글펐는지 모른다. 그후 어머니는 아들의 금메달 덕에 콩나물 좌판 하나 마련한 것으로 만족하셨다. 그때까지 남의 가게 처마 밑을 전전하시다가 겨우 시장 한복판에 변변한 자리 하나를 마련하신 것이다.

내가 선수 생활을 마치고 조그만 전자 대리점을 차렸을 때도 어머니는 콩나물 장사를 그만두지 않으셨다. "거, 장 서방, 어머니한테 너무 하는구먼!" 하는 시장 사람들의 손가락질도 싫었고, 이젠 먹고 살 만한 내 자신이 생각하기에도 창피한 것 같아서 좌판을 부수면서까지 어머니를 말렸다. 하지만 다투고 나면 일주일씩 좌판 앞에서 새우잠을 자고 음식을 굶으면서까지 어머니는 콩나물 장사 생활을 고집하셨다. "네가 레슬링을 버릴 수 있느냐?" "내가 건강하니 이 정도로 움직이고 손주들 세뱃돈도 주지" 하는 말로 오히려 나와 내 아내를 설득하셨다.

고혈압으로 병원에 입원해서도 "콩나물 몇 사발이요? 50원입니다" 하고 헛소리를 하시는 어머니를 보고 우리 자식들이 결국은 지고 말았다. 자식들 눈에는 안돼 보이지만 그것이 어머니의 생활이라는 것을 비로소 깨달은 것이다. (전 국가대표 레슬링 선수)

비를 맞으며

박원길

작년 가을부터 어머니가 시름시름 앓아 눕기 시작했을 때 나는 심한 몸살이거나 노환이겠지, 하고 대수롭지 않게 생각했다. 그러나 어머니는 일어나지 못하셨다. 하루가 다르게 병세가 악화되어 갔다.

진눈깨비가 오락가락하는 날, 나는 어머니를 등에 업었다. 어머니는 가벼웠다. 어머니는 내 목을 끌어안았다.

"무겁지? 내려 다오. 천천히 걸어 가면 돼."

나는 아무 말도 하지 않았다. 그냥 뜨거운 것이 가슴 밑바닥으로부터 끓어올랐다.

일주일 간의 결근계를 회사에 내고 집과 병원을 오가며 나는 어머니만을 생각했다. 생사조차 모르는 아버지, 핏덩이인 나를 키우기 위해 온갖 고생을 하신 어머니. 그 어머니가 돌아가신다는 것이 나는 실감이 나지 않았다.

그런 어느 날이었다. 그날 따라 봄비가 내려 머리가 젖은 채로 병실에 들어섰다. 어머니 침대 머리맡에 웬 낯선 남자가 하나 앉아 있었다. 그 남자는 나와 피부색이 다른 혼혈인이었다. 더욱 놀라운 것은 그 검은색 피부를 가진 남자가 내 형이라는 사실이었다. 어머니는 눈물을 흘리며 말을 잇지 못하셨다.

"네 형이다. 진작 밝혔어야 하는 건데, 이 에미 잘못으로 여태 숨겼구나. 이제야 만나게 해서 미안하다."

청천벽력과 같은 소리였다. 나는 형이란 사람을 쏘아보았다. 그는 얼른 고개를 숙였다.

나는 밖으로 뛰쳐나갔다. 하루 종일 비를 맞으며 정처 없이 거리를 쏘다녔다.

'그럴 리가 없다. 그럴 리가…. 이건 뭔가가 잘못된 일이다. 그 시꺼먼 곱슬머리 사내가 내 형이라니!'

그후, 병실에 들어설 때마다 형이란 친구는 늘 어머니 곁에 붙어 있었다. 느닷없이 어머니를 빼앗긴 것 같아 울컥 치미는 감정을 억제할 수 없었다. 무조건 무엇이든지 부숴 버리고 싶었다.

나는 밤이 깊도록 술을 마셨다.

병실에는 언제나처럼 그 사람이 있었다. 어머니는 잠이 드셨는지 눈을 감고 계셨다. 형이란 사람의 눈이 내 얼굴 가까이로 다가왔다. 나는 외면했다.

"어머니를 원망하지 마라. 어머니는 어쩔 수 없이 나를 낳으신 거야. 6.25는 어머니를 희생시켰어. 나는 1년 전에야 어머니를 찾았다. 어머니가 병이 나신 것도 모두 내 탓이다. 용서해라."

나는 어머니를 보았다. 얼굴에는 눈물이 비 오듯 쏟아지고 있었다.

어머니는 사흘 후에 숨을 거두셨다. 임종이 가까웠을 때, 어머니는 형의 손과 내 손을 마주잡아 놓으셨다. 우리의 두 눈이 부딪쳤다. 이번에 나는 형을 피하지 않았다. 형은 내 어깨에 손을 얹었다.

　나는 어머니 가슴팍으로 무너져 내렸다. 나는 울부짖었다.

　"형! 어머니가 죽었어. 이제 우리 둘뿐이야! 우리 둘뿐이란 말야!"(회사원)

군내 나는 김치

모난돌

지금으로부터 18년 전, 집에서 50리 떨어진 중학교에 기차 통학을 하던 때의 일이다. 새벽 다섯 시면 어머니는 신기하게도 내게 줄 밥을 다 지어 놓으시고, 곤해서 계속 자려는 나를 흔들어 깨우시곤 했다.

어느 봄날, 그날도 세수를 하고 밥상을 대했는데 며칠째 억지로 먹고 있는 군내 나는 김치가 또 올라와 있었다. 김치 국물에는 허연 거품이 부글부글 피어 있어 보기만 해도 진저리가 났다. 그래도 나 때문에 고생하시는 어머니를 생각하고 억지로나마 밥을 먹기 시작했다. 어머니는 금방 지은 밥으로 도시락을 싸면 밥맛이 없다며 뜨거운 김이 빠지길 기다리시더니 조금 뒤에 싸기 시작하셨다. 그때 도시락 반찬을 눈여겨보았더니 지금 먹고 있는 군내 나는 김치가 아닌가.

나는 갑자기 화가 치밀어 올라 숟가락을 놓고 가방을 집어 들었다. 왜 그러느냐는 어머니에게 기차 시간이 다되었다고 변명을 하고는 어머니가 그 도시락을 쌀 틈을 안 주려고 얼른 집을 나와 역을 향해 급히 걸었다.

나는 생각했다.

'어머니는 내가 반찬 투정하는 줄 아실 거야. 그리곤 조금 섭섭해 하시면서 어쩔 수 없이 도시락을 내려놓으시겠지.'

그날따라 내리는 가랑비를 맞으며 500미터쯤 갔을 때였다. 갑자기 뒤쪽 멀리서 애절하게 나를 부르는 소리가 들려 왔다. 돌아보니 어머니가 도시락을 들고 비를 맞으시며 힘겹게 달려오고 계셨다.

나는 그만 눈물이 핑 돌아 그 자리에 설 수밖에 없었다. 반찬 때문에 화를 낸 못난 아들을 어머니는 배 곯리지 않으시려고 저렇게 뛰어오시다니! 나는 말없이 도시락을 받았다. 그리고 목이 아프도록 속으로 울면서 남은 길을 갔다. (회사원)

도시락 두 개와 소주 한 병

이형구

내가 초등학교 때 그렇게도 우리를 사랑하시던 엄마가 세상을 떠나셨다. 그로부터 얼마 안 지나 아버지마저 우리 형제를 남겨 둔 채 눈을 감으셨다.

기나긴 겨울 밤들은 무척 힘이 들었다. 동생 준구의 울음을 달래기가 가장 힘들었다. 무서워서 텔레비전을 틀어 놓고 잠든 것이 하루 이틀이 아니었다. 큰아버지가 온양에 살고 계셨지만 어쩌다 한 번씩 들를 뿐, 누구 하나 돌봐 줄 사람이 없었다. 절간 할머니와 옆집 아주머니가 와서 빨래도 해주시고 김치도 담가 주셨다.

4월 22일, 아버지 제사가 다가왔다. 큰아버지는 오지 않으셨다. 어떻게 해야 할지 몰랐다. 준구와 나는 도시락을 두 개 준비하고 아버지께서 평소 즐겨 하시던 소주를 한 병 사 가지고, 아버지와 어머니가 함께 계시는 산소로 갔다. 비가 오고 있었다.

우리는 도시락을 펴놓고 술을 부었다. 절을 하려고 서 있는데 갑자기 눈물이 나왔다. 우리는 아버지, 어머니를 부르며 엉엉 울었다. (충남 보령군 청라중 3학년)

44

낙엽 케이크

정숙희

결혼 2주년 기념일을 앞둔 크리스마스였다. 그가 제안을 했다.

"우리 과천 대공원 가자."

'왜요?' 하는 내 눈빛에 그가 말했다.

"크리스마스인데 먼 여행은 못 떠나도 가까운 데라도 다녀와야지."

그 무렵 그이는 낮엔 현장 기사로, 밤엔 야간 대학 3학년생으로 눈코 뜰 새 없이 바쁜 나날을 보내고 있었다. 새벽 다섯 시 삼십 분이면 어김없이 일어나 출근하고 밤 열두 시가 되어야 집에 오는 생활. 평일에는 물론 휴일에도 숙제 때문에 더 바빠 커다란 상 앞에서 일어날 생각도 못하던 그였다. 그런 그가 그날은 큰마음을 먹었음에 틀림없었다.

그의 제안대로 우린 눈사람처럼 옷을 꽁꽁 챙겨 입힌 한 돌바기 아들을 앞세우고 과천 대공원으로 당일치기 여행을 나섰다.

캐럴송이 울려 퍼지는 거리와는 달리 대공원은 고요함에 잠겨 있었다. 넓은 벌판은 어제 내린 눈에 잠겨, 보이는 것은 온통 눈천지였다.

남이 밟지 않은 눈 위에 발자국을 새기며 정신없이 아이와 노는 남편의 모습이 이날따라 무척 행복해 보였다. 아이는 흰 눈 위를 뛰어다니며 웃어대고, 남편은 아이를 잡으러 뛰어가고…. 그러더니 저쪽에서 그이는 흰 눈 위에 앉아 있는 내게 소리쳤다.

"거기서 기다려. 이쪽으로 오지 말라구."

"왜요?"

"아, 글쎄…. 비밀이 있어."

멀리서 무엇인가 열심히 하는 남편이 보이고 아이는 제 아빠가 하는 모양을 흉내내고 있었다. 드디어 남편이 내게 손짓을 했다.

"이리 와 봐. 선물을 줄게."

"뭔데요?"

물으며 다가간 내 눈에 쏟아져 들어온 빛무리. 그이는 흰 눈밭 위에 색색의 낙엽들을 주워 모아서 글씨를 써놓았다.

'축 결혼 2주년!'

낙엽 글씨. 이런 선물은 상상도 못했었다. 그이는 외투를 뒤적이더니 그 위에 호빵 두 개가 담긴 비닐 봉지를 꺼내 놓았다. 성탄을 축하하는 케이크 대신이라며.

흰 눈밭 위의 그 선물이 내 눈에 들어온 순간, 입은 웃고 있었지만 내 눈시울이 자꾸 따뜻해져 옴은 왜일까? 그의 가슴속 온기 때문인지 아직도 따뜻한 호빵은 비닐 봉지에 달라붙어 있었다.

그이가 말했다.

"미안해, 여보. 크리스마스인데 아무것도 못해 줘서. 예쁜 선물을 해주고 싶었지만 당신이 주는 하루 용돈 1,500원으론 역부족이야. 하지만 내 마음 알지, 당신." (주부)

46

꼴찌 하려는 달리기

조승호

　해마다 두 번씩 찾아오는 전주 교도소 체육 대회. 특히 지난 가을의 체육 대회는 아직도 기억에 새롭다. 지난 여름 부임한 교도소장의 배려로 20년 이상 복역한 수형자와 2급 이상 우량 수형자의 가족이 초청되었기 때문이다. 예정 시간이 조금 넘어 여러 종교 교화위원들과 초청 가족들이 지켜보는 가운데 가장 행렬을 선두로 대회의 막이 올랐다.

　이미 지난 보름 동안 예선을 치른 핸드볼, 족구, 배구 등의 구기 종목과 당일의 씨름, 줄다리기, 달리기 등의 경기를 통해 십여 개 취업장의 각축전과 열띤 응원전이 벌어져 흡사 초등학교 운동회를 방불케 했다.

　특히 이날의 하이라이트는 오전 경기 끝 무렵에 열린 효도 관광 달리기였다. 부모님을 등에 업고 운동장을 한 바퀴 도는 이 경기는 효도 관광이라는 이름과 경기 내용이 잘 어울리는 것이었다. 하늘에 날려보낸 비둘기와 오색 풍선으로 한껏 고조되었던 분위기가 갑자기 숙연해진 것은 이 경기에 참가한 재소자와 가족이 출발선상에 모이면서부터였다. 화약총 신호로 경기가 시작됐지만 정작 달리는 주자는 하나도 없었다.

　재소자 아들의 등에 업혀 쌓인 얘기를 하는 아버지, 아들의 눈물을 닦아 주느라 자신의 눈물을 미처 훔치지 못하는 어머니, 그리고 여러 다른 재소자들이 안쓰러워 손을 흔드는 어머니…. 이들이 아들의 등에 업혀 운동장을 천천히 돌 때 그 행렬은 가히 말로 표현할 수 없는 감동이었다.

　급기야 한 재소자가 "어머니, 오늘 하루를 어떻게 지내셨어요. 백 날을…" 하며 노래를 부르자, 그 광경을 지켜보던 재소자들까지 모두 서로의 시선을 피한 채 허공만을 올려다보았다.

　무기수, 더러는 10년 이상을 죄수로 있으면서 철창 사이로만 얼굴을 대할 수밖에 없었던 나날들. 그들은 잠시나마 아버지, 어머니 앞에서 맘껏 울 수 있는 자유를 누린 것이다. 그 모습을 지켜보던 다른 재소자들 또한 마찬가지였다. (전주 교도소 1763 고시반)

가슴속 빛을 꺼낸 어머니

정수연

　지난해 10월 17일 오후 두 시. 여의도 63빌딩 국제회의장에서는 한국 장애인 부모 협회가 마련한 제8회 전국 장애인 부모 대회가 열렸다. 성치 않은 자식을 두었기에 늘 가슴 저리지만 진한 교감이 오가는 자리였다.

　두 시간 남짓 계속된 이날 행사의 꽃은 역시 장한 어머니상 시상식이었다. 긴장 속에 드디어 수상자가 발표되었다. 과천에 사는 김혜자 씨(53세 · 과천시 과천동 514)가 바로 그이였다.

　평소에는 웃음이 가실 날이 없을 정도로 쾌활한 그녀였지만 이날만큼은 웃음 대신 뜨거운 눈물이 얼굴을 적시고 있었다. 하나도 아닌 둘씩이나 되는 앞 못 보는 아들들을 키워 온 그 세월이 마치 영화의 한 장면처럼 지나가는 순간이었다.

　김씨가 장애인의 어머니가 된 건 둘째 아들인 성재(22세) 군을 낳고부터다. 스물다섯 살에 결혼해 큰딸 효정과 큰아들 성찬을 낳아 기를 때까지만 해도 그렇게 큰 고통이 눈앞에 다가설 줄 짐작도 못했었다. 시련은 1971년 둘째 아들 성재가 태어날 때부터 서서히 그 흉칙한 얼굴을 드러내기 시작했다. 성재를 낳았을 때 김씨

의 소망은 잦은 병치레로 애간장을 태우던 큰아들과는 달리 좀 건
강했으면 하는 것이었다.

그러나 그것조차 지나친 욕심이었을까. 성재는 태어난 지 한 달
후부터 사시 증세를 보이기 시작했다. 갓난아기에게 가끔 있는 일
이라 처음엔 별로 심각하게 받아들이지 않았었다. 그런데 얼마 지
나지 않아 김씨의 가슴이 철렁 내려앉는 일이 일어났다. 백일이
지나고 나서 눈앞에 장난감을 갖다 줘도 아이는 눈동자 한 번 굴리
지 못하고 사물을 분간하지 못하는 것이었다.

더럭 겁이 난 김씨는 아이를 들쳐 업고 서울로 달려와 전문 안과
를 찾아갔다. 아이를 진찰하고 나오는 의사의 얼굴은 그리 밝지가
않았다. 의사가 천천히, 무겁게 입을 열었다.

"현재 상태로 보아 자라더라도 앞을 볼 가능성이 희박합니다.
치유가 불가능한 선천성 시력 장애인 것 같습니다."

고칠 수 없다는 것, 그것은 이 아이가 평생 어둠 속에서 지내야
한다는 의미였다. 하지만 벼랑 끝에 섰다 해도 절대로 자식을 포
기할 수 없는 게 부모의 마음이다. 김씨는 틈만 나면 성재를 업고
전국의 유명 안과를 찾아 다녔다. 그러나 결과는 언제나 마찬가지
였다. 그녀는 아이를 업고 다니면서 참으로 많은 눈물을 쏟았다.

시간이 흐르면서 그녀는 마음을 수습했다. 강한 어머니가 되어
갔다. 그러나 또 다른 불행이 연이어 일어나 그녀의 마음을 무너
뜨렸다. 성재가 세 살 때 태어난 셋째 아들 성기가 성재와 똑같은
증세를 보였던 것이다. 그녀는 또다시 전국의 유명 안과를 이 잡
듯 찾아 다녔다. 집안에 비슷한 질병을 앓은 사람도 없고, 아이를
가졌을 때 음식을 잘못 먹은 적도 없는데 둘씩이나 같은 병에 걸릴

리가 없다고 위로하면서….

그러나 어딜 가나 결과는 마찬가지였다. 너무도 기가 막혀 눈물
조차 나오지 않았다. 이때부터 김씨는 스스로 두 아이의 눈과 손
발이 되고자 독하게 마음먹었다.

성재가 유치원에 갈 나이가 되었어도 그녀는 선뜻 성재를 유치
원에 보낼 수가 없었다. 앞이 안 보이는 아이를 보내면 다른 엄마
들이 싫어할 것 같아서였다. 대신 그녀는 자신의 집을 유치원으로
만들고, 자기가 직접 유치원 선생이 되었다. 그녀는 틈만 나면 아
이들에게 동화책을 읽어 주고 바람소리며 물소리, 새소리 등을 들
려주었다. 그녀는 보이지 않는 그것들이 아이들에게 꿈과 희망이
되리라 굳게 믿었다.

그러나 그녀의 그런 노력에도 불구하고 성기는 곧잘 짜증을 냈
다. 이리저리 뛰어다니다가 앞이 안 보여 답답하면 제 성질을 못
이기고 울부짖듯 소리를 질러댔다. 그때마다 김씨의 가슴은 천 갈
래 만 갈래로 찢어졌다. 그 또래의 다른 아이들도 놀다 보면 으레
상처나고 피도 나게 마련이지만, 그녀는 아이들 몸에 조그마한 상
처라도 나면 그것이 앞을 못 봐 그러는 것 같아 더욱더 가슴이 아
팠다.

1978년, 아이들이 학교 갈 나이가 되어 그녀는 성재를 서울 맹
아학교에 입학시켰다. 이때부터 그녀의 생활은 집이 있는 과천과
서울을 시계추처럼 오가는 것으로 채워지기 시작했다. 그때는 과
천이 미처 개발되기 전이라 서울에 한 번 오려면 버스를 서너 번씩
갈아타지 않으면 안되었다. 그렇지만 그녀는 아이들을 단 하루도
결석시키지 않았다.

그녀는 자신의 처지를 원망하지 않았다. 모든 것을 자신의 운명이라 생각했고, 매사를 좋게 받아들이고 긍정적으로 생각하면 삶이 더 나은 쪽으로 나아가리라 믿었다.

딱 한 번 사람들을 원망해 본 적이 있었다. 언젠가 한 번은 집안에 일이 있어 아이들 학교 끝날 시간에 맞추질 못했다. 수업이 한참 전에 끝났는지 학교가 조용했다. 가슴이 덜컥 내려앉아 평소에 다니던 길을 이리저리 헤맸지만 두 아들의 모습이 보이지 않았다.

'어디로 간 걸까? 저희들끼리 택시 한 번 타본 적이 없는 아이들인데….'

애간장을 태우며 이리저리 낯선 골목길을 헤매는데 복잡한 길 저편에 낯익은 두 얼굴이 보였다. 두 형제는 서로 의지하기도 하고, 위로도 하면서 더듬더듬 버스 정류장을 찾아가고 있었다. 바삐 걷는 사람들에게 어깨도 부딪치기도 하고 패인 곳에 발을 헛딛기도 하면서…. 멀리서 보기에도 아슬아슬하고 애처로운 모습이었다. 흐르는 눈물을 훔치며 그녀는 세상에 자기들만 사는 것인양 바쁘게 움직이는 세상 사람들을 원망했다.

앞을 못 보는 아이들을 둘씩 키우는 일은 자신을 모두 버려야 가능한 일이었다. 앞을 못 보기 때문에 책을 읽어 달라고 하면 만사를 제쳐놓고 읽어 줘야 하고, 아이들이 집 안에 있을 땐 함부로 텔레비전을 볼 수도 없었다. 집안 살림과 아이들 뒷바라지를 하다가 몸살을 앓기도 했지만 한 번도 자릴 펴고 누울 수가 없었다. 그녀가 누워 버리면 그날로 당장 아이들이 학교에 나갈 수가 없기 때문이었다. 입술이 바싹 마르고, 온몸이 불덩이 같아도 김씨는 아이들을 데리고 버스에 오르곤 했다. 한 번은 그런 엄마를 보고 성기가 이런 말을 했다.

"엄마, 이담에 커서 호강시켜 드릴게요."

그 한 마디가 너무 고맙고 대견스러워, 그녀는 아이 둘을 껴안고 한참을 울었다. 그후 그녀의 마음속엔 좀더 확실히 그 모든 것을 인내하고도 남을 기운이 생겼다. 두 아이들이 사회에 나가 능력을 발휘하고 제 몫을 다하며 살 수 있다면, 그 어떤 고통도 이겨내겠다는 생각, 그 다짐이 시련을 이기게 해준 것이다.

그녀의 그런 피땀 어린 노력과 사랑 탓일까? 그 어려운 여건 속에서도 성재는 정상인도 가기 어려운 대학(단국대학 정치외교학과)에 입학해, 지금은 장학생으로 다니고 있다. 또 지난 1991년에는 미국 펜실베니아 주 오버블록 맹인학교 초청으로 1년 연수를 다녀왔다. 공부보다는 피아노를 좋아했던 성기는 고생한 부모님에게 돈을 벌어 효도하겠다며, 안마원을 열 계획에 요즘 마냥 분주하다.

두 아들을 보고 있으면 요즘도 김혜자 씨는 가슴이 아리다. 이제까지의 삶이 그래 왔듯이 두 아들의 삶이 앞으로도 편하지 않을 거란 예감 때문이다. 하지만 아무리 어려운 상황일지라도 인내와 노력으로 안 풀리는 건 없다고 그녀는 믿는다. 고통에 꺾이지 않는 그녀의 삶, 그래서인지 김씨 부부가 운영하는 과천 주암 낚시터의 환한 봄 햇살이 유난히 반짝거린다. (자유기고가)

산 너머로 가는 길

유행두

어머니, 당신을 불러 본 지도 벌써 12년이나 지났습니다. 당신께서는 우리 육남매를 귀까지 어두운, 연로하신 아버지에게 맡기신 채 홀연히 하늘나라로 떠나 버리셨지요. 불과 마흔다섯의 젊은 나이로. 하지만 온갖 고생을 도맡아 하신 어머니의 모습은 할머니처럼 머리가 하얗게 세고 주름살투성이였습니다.

너무도 가난했었기에 언제나 학교 공납금을 꼴찌로 내는 학생은 저였고, 여름 방학을 열흘 앞둔 제헌절 날 저는 어머니 가슴을 미어지게 하는 긴 편지를 남기고 옷가지를 챙겨 가출을 하고 말았지요. 곧 발각돼 집으로 돌아오긴 했지만 어머니는 큰 충격을 받으셨습니다. 다음날 아침 학교에 가지 않으려는 제게 어머니께선 조용히 왜 학교에 안 가느냐고 물으셨습니다. 마음과는 달리 제 입에서는 돈 얘기가 줄줄 나와 버렸지요. 어머니의 쓰린 마음을 눈곱만큼도 헤아리지 못한 채.

그때 어머니께선 눈물을 훔치시며 보리 매상한 돈으로 학교 공납금도 실습비도 다 주신다고 하셨지만 전 고집을 부렸지요. 일주일 동안을 10리 길 학교 앞까지 가방을 들어 주시며 저를 달래고 또 달래고….

　방학을 하루 앞둔 그날, 학교에서 돌아와 보니 어머니 당신께선 마루에 누워 계셨습니다. 보리 매상을 했더니 피곤하다며 제게 머리 비듬을 죽여 달라 하셨지요. 싫다고 짜증 부리는 제게 어머니께서는 두 번 다시 이런 부탁하지 않겠다며 마지막으로 한 번만 해 달라고 그러셨습니다.

　아무 생각도 없이 그저 어머니의 비듬이 더러워 투덜대며 성의 없이 비듬을 죽이고서는 저녁밥을 먹고 교회당으로 공부를 하러 갔었습니다. 그런데 그것이 마지막인 줄 정말 몰랐습니다. 왠지 집에 오기가 싫어 친구 집에서 시험 공부를 한다는 핑계로 남아 있는데 누가 절 찾아왔더군요. 우리 옆집에 사는 한 살 위인 오빠였습니다. 엄마가 많이 아프다는 것이었습니다. 이 시간에 일부러 산을 넘어 찾아온 것이 이상해 저는 서둘러 따라 나섰습니다.

　친구 집을 나서며 엄마가 많이 아프냐는 저의 물음에 옆집 오빠는 그저 고개만 끄덕일 뿐 아무 말도 하지 않았습니다. 골목에 들어서자 우리 집 마당에는 온 동네 사람들이 모여 있었고, 어머니는 꼼짝도 않고 초점 잃은 눈으로 천장만 바라보고 계셨습니다.

　이웃 동네에서 오신 약국 사람은 뇌출혈이라면서 늦은 것 같지만 그래도 큰 병원으로 가보라고 했습니다. 그리고 요 며칠 사이 근심거리가 있으셨냐고 물었습니다. 저는 두려운 마음에 그런 일 없었다고 거짓말을 하고 말았습니다. 외갓집으로 뛰어가 외삼촌과 택시를 타고 집으로 오는 길에 자전거를 타고 오는 옆집 오빠에게서 어머니의 임종 소식을 들었습니다.

　어머니 염을 준비하려고 옷장 문을 열었을 때 당신의 때문은 지

갑 속에는 제 공납금이 시커먼 고무줄에 꽁꽁 묶여 있었습니다. 지난 장날 외숙모 몰래 외할머니께서 주신 쌀 포대는 뜯지도 않은 채 그대로였고, 몇 번 입지도 않은 좋은 옷들이 옷장 속에 차곡차곡 개켜져 있었습니다.

어머니의 상여가 떠나갈 때 언니들은 어머니의 상여를 끌어안고 목이 쉬도록 울었습니다. 그러나 전 얼마 울지 않았습니다.

"며칠 후 며칠 후 요단강 건너가 만나리. 며칠 후 며칠 후 요단강 건너가 만나리."

상여를 에워싼 찬송가 가사처럼 어머니는 며칠 후 꼭 살아나실 거라 생각했습니다. 제가 너무 말을 안 들어서 일부러 죽은 척하는 거라 생각했습니다.

학교에서 돌아오면 빨래를 널고 계시는 어머니를 그려 보기도 하고 마루를 닦고 계시는 어머니를 떠올렸습니다. 그러나 어머니의 자리는 늘 비어 있었습니다. 가을 추수 때 어머니께서 뿌려 놓으신 곡식들이 얼마나 풍성히 열매 맺었는지, 일요일마다 언니들이 그 곡식들을 거두러 시골로 내려왔지만 어머니께서 혼자 하셨던 그 많은 곡식들을 다 거두지도 못하고 겨울이 왔습니다. 결국 어머님을 혼자 산속에 모셔 둔 채 우리는 부산으로 이사를 했습니다.

어머니, 저도 이제는 결혼을 해서 아이를 둘이나 낳았습니다. 어린 자식들을 바라보며 절대 내 아이들에겐 가난을 물려주지 않겠다고 돈을 쪼개 쓸 때면 자식들에게 돈이 없어 사주고 싶은 것 사주지 못하신 어머니의 쓰린 마음을 십 분의 일쯤은 알 것 같습니다. (주부)

56

단칸방에서 머리를 맞댄 밤

이명해

그래, 바로 오늘이었다. 10년 전 오늘. 마지막으로 고추장독을 트럭에 싣고 동구 밖까지 마을 사람들이 나와서 손을 흔들어 주던 날, 언니와 난 트럭 앞자리에 앉아 손을 흔들며 좋아했다. 충혈된 눈으로 한 번 또 한 번 뒤를 돌아다보시는 어머니는 내 손을 놓지 않으셨고, 트럭 뒤에 앉아 고추장독을 붙잡고 있던 아버지는 낯선 도시에 도착해서도 아무 말씀이 없으셨다.

외양간에 여물통을 새로 손질하고 싸리문도 뜯어 내고 돌담을 쌓은 지 1년도 못돼서였다. 네 아들 중 셋째 아들로 지게 지는 법 외엔 땅밖에 모르며 수십 년 간 그곳에서 터를 잡아 오셨던 아버지께서 며칠째 농협 직원이 다녀간 후 그렇게 큰 결정을 내리신 것이다. 그러니까 내가 태어나기 전, 큰아버지께선 산더미처럼 불어난 놀음 빚에 급기야 남은 재산을 남의 손에 넘기셨다. 그 충격으로 돌아가신 큰아버지의 짐은 모두 아버지가 떠맡으셨다. 아버지는 그후 수년 간을 이자 갚느라 해질녘까지 밭에서 돌아오지 않으셨다.

그런데 이젠 그 이자마저 눈덩이처럼 불어나 더 이상 갚을 형편이 못되자 마침내 집을 내놓고 옷깃 한 번 스쳐 본 사람 없는 낯선 이곳으로 이사를 하게 된 것이다. 단칸방에서 세 자매가 나란히 머리를 맞대던 그날 밤, 새로이 떠나 온 낯선 도시에 마냥 부풀어 잠 못 이루던 내가 돌아누웠을 때 빨간 성냥 불빛에 떨리는 손 위로 아버지의 눈물 자국이 보였다.

그날 밤 아버지가 흘리신 눈물은 고향집 텃밭 두엄 속에 묻힌 씨앗처럼 조용히 내 마음속에서 싹을 틔우고 있다. 아버지에 대한 그리움으로, 그리고 이렇게 아버지의 눈물을 이해하는 어른이 되어 언젠가는 고향의 그 집에 돌아가 살게 될 희망으로. (숭의여전 문예창작과 1학년)

구두닦이 내 남편

김미라

삶을 통해 배우라. 그러면 당신은 사는 법을 배울 수 있을 것이다.
                                        -포르투갈의 격언

 내 남편의 직업은 구두닦이다. 길에서 일을 해야 하는 직업이기
때문에 언제나 시커먼 먼지를 뒤집어쓴 얼굴과 구두약에 염색된
손을 하고 있다.
 자신의 초라한 모습을 감추기 위해서인지 항상 밝은 웃음을 짓
고 다니는 남편의 모습이 무척 천진스러워 보일 때도 있다. 고등
학교 시절에 나는 대통령 부인이 되는 꿈을 꾸기도 했는데 지금은
구두닦이의 아내가 된 것이다.
 그가 구두닦이를 시작한 것은 얼마 전의 일이다. 그의 집에서
우리의 결혼을 반대하자 고집이 센 그는 누구의 도움도 안 받고 혼
자의 힘으로 살아가겠다며, 나와 함께 단칸짜리 셋방 하나를 얻어
살림을 차렸다. 그때부터 그는 구두 닦는 직업을 택하게 되었다.
처음에는 참으로 치사스러운 직업이라고 투덜댔으나 지금은 열심
히 일하고 있다.

최근에 그는 친구와 함께 비원 근처의 어느 빌딩 하나를 맡아서 월급제로 일하고 있다. 그 빌딩은 15층 건물인데 구두닦이는 엘리베이터를 사용하지 못하게 해서 하루에도 수십 번씩 계단으로 오르내려야 한다. 그래서 그런지 밤이 되면 잠자리에 쓰러져 코를 골며 자버린다. 어떤 때는 피곤이 겹쳤는지 잠 속에서 헛소리를 내지르기도 한다.

"야, 협중아, 이번에는 니가 올라가라. 나 다리 아파 죽겠어."

나는 그의 잠꼬대를 듣고 다리를 주물러 주다가 엉엉 울어 버린 일도 있다. 내 울음 소리에 깜짝 놀라 잠에서 깨어난 그는 내 어깨를 두드리며 말했다.

"이 길은 남자가 한 번쯤 걸어 봐야 하는 길이야."

이제 나는 곧 태어날 아기와 그를 위해, 비록 구두닦이의 아내지만 이 세상에서 어느 누구보다도 훌륭한 아내가 될 것을 다짐하고 있다. (주부)

깊은 강물은 소리 나지 않는다

류영옥

내가 대학에 입학했을 때, 어머니는 내게 말씀하셨다.

"내가 네게 줄 수 있는 것은 3학년 때까지의 등록금과 달마다 내는 방세 2만 원뿐이다. 쌀은 집에서 날라다 먹어라."

그러나 대학 생활이란 것이 어디 등록금과 방과 쌀만 갖고 해결되던가? 책값, 옷값, 각종 학교 행사 및 서클 회비, 그리고 커피값까지…. 경제적 문제를 해결하기 위해 온갖 종류의 아르바이트를 하면서 나는 어머니를 많이 원망했다. 해마다 농토를 늘릴 정도로 부자인 어머니가 어떻게 이렇게 매정할 수가 있냐며.

그 갈등의 고리가 잠시 풀린 것은 2학년 겨울 방학 때였다. 집안이 어려워 우리 집으로 복학 등록금을 빌리러 온 동네 대학생에게 어머니는 선뜻 돈을 내놓으며 말씀하셨다.

"자네는 돈의 귀함과 천함을 잘 아는 사람으로 여겨지네. 등록금을 꿔주니 졸업 후 2년 내로 갚게. 안 갚아도 좋으나 그때 불쌍해지는 사람은 돈을 못 받는 내가 아닐세. 지금의 자네 처지와 돈을 빌리는 심정을 잊어버린 자넬세."

내 어머니는 자상하거나 인자한 분이 아니었다. 공들여 싼 도시락, 리본을 들여 예쁘게 땋은 머리, 털실로 짠 스웨터, 이런 것들은 나와는 거리가 먼 것이었다. 자취 생활을 하면서, 밑반찬을 싸 들고 딸을 방문하는 다른 어머니들을 볼 때마다 나는 그것이 얼마나 부러웠는지 모른다. 우리 어머니도 다른 어머니들처럼 자식을 사랑하는 걸까. 이런 의심을 품기까지 했었다. 밤새 산길을 걸어서 이고 오신 어머니의 동치미 보따리에 목이 멘 그 새벽녘까지는.

내가 강원도 깊은 산골의 탄광 마을에서 자취를 할 때였다. 시골 자취방이란 것이 허술하기 짝이 없어 나는 그만 연탄 가스에 중독되고 말았다. 보건소로 옮겨져 응급 처치를 받았지만 머리는 깨어질 듯하고, 물 그릇조차 집을 기운도 없었다.

무섭고, 외롭고, 난생처음 어머니가 그리웠다. 늦도록 홀쩍이다 까무룩 잠이 든 새벽, 두런거리는 소리와 낯익은 목소리에 문을 밀쳐 보니 머리에 보따리를 인 어머니가 하얀 달빛 아래 서 계셨다. 연락을 받고 부랴부랴 충청도에서 길을 떠나 오셨건만 평창에서 막차를 놓치는 바람에 다음날 새벽 차를 기다리지 못하고 밤새 산을 넘으셨던 것이다.

"애가 타서 여관 잠을 잘 수가 있어야지."

서리가 하얗게 내린 동치미 보따리를 풀면서 말씀하시는 늙은 어머니 무릎에 엎드려 나는 엉엉 소리내어 울었다. 지금도 나는 부모를 원망하는 학생들에게 이렇게 말해 준다.

"깊은 강물은 소리 나지 않는다. 자식이 그 깊이를 모를 뿐이지."

어린 시절 우리 동네엔 할아버지 거지가 한 명 있었는데, 온몸

62

이 꽁꽁 얼어서는 자주 우리 집으로 찾아들곤 했었다. 이른 아침 마다 식구들이 밥상을 받고 둘러앉은 방에 부랑자를 불러들이는 어머니에게 불만을 품고 내가 한 번 심하게 대든 적이 있었다. 그 때 좀처럼 눈물이 없으신 어머니께서 글썽거리며 하신 말씀이 지 금도 생생하다.

"너도 자식을 낳아 보거라. 남에게 모질게 대할 수 없음도 그 화 가 행여 자식에게 끼칠까 두려워서고, 좋은 일을 하면서도 밑바닥 마음으론 이 공덕이 자식에게 쌓여지길 빌게 되는 것이 어미의 심 정이다."

어머니의 영향 때문이었을까. 20대 중반에 몇 년 간 나는 보육 원 시설에서 봉사 활동을 한 적이 있었다. 결혼을 안하겠다는 딸 을 걱정하던 어머니였으나 정작 내가 그 생활을 포기하고 결혼할 남자를 데려가자 무겁게 말씀하셨다.

"너는 네가 떠나 온 애들에게 평생 못 벗을 빚을 졌구나. 너를 엄마라고 부르던 그 애들에게 진 빚을 잊지 말고 살아라."

생활에 불만이나 자만이 생길 때마다 나는 어머니의 그 음성이 생생히 들려 와 고개를 숙인다. (수원 권선고등학교 교사)

보리밥 도시락

안호순

어느 날 아침, 나는 참으로 어처구니없는 행동을 하고 말았다. 어머니는 늘 이른 새벽이면 큰 가마솥에 보리쌀을 앉히고 그 위에 흰쌀이 섞이지 않도록 조금 얹어서 밥을 하셨다. 그 밥으로 어머니는 삼남매의 도시락을 싸서 부뚜막에 단정히 올려 놓고 새벽 시장에 과일을 팔러 가셨다.

그런데 그날은 너무 바쁘셨는지 도시락 뚜껑을 미처 닫아 놓지 않고 나가셨다. 세 개의 도시락을 보니 오빠 것은 대학생이라고 흰 쌀밥이고, 여동생 것은 수줍음 많이 탄다고 그랬는지 약간 쌀밥이고, 내 도시락은 온통 시커먼 보리밥에 쌀알이 몇 개 보일 정도였다.

나는 무척 서운하고 속상했다. 같은 반 학생들의 웃음 섞인 눈빛이 날 쳐다보는 것만 같았다. 난 도시락을 잊고 안 가져간 것처럼 예쁘게 손수건에 싸서 책상 위에 올려 놓고는 촉촉이 물이 올라 미끈거리는 오월의 논두렁을 정신없이 달려 학교로 도망치고 말았다. 그리곤 아무 일 없다는 듯이 오전 수업을 마치고 특유의 넉살로 친구들과 점심을 나눠 먹었다.

오후 수업이 시작되려면 10여 분 정도 있어야 했는데 누군가 나에게 너희 어머니가 오셨다고 전해 주었다. 나가 보니 키 작은 엄마가 도시락을 들고 서 계셨다.

"도시락을 왜 빼놓고 갔니? 배가 얼마나 고프니?"

어머니는 도시락을 건네주시며 살짝 말씀하셨다.

"너 창피할까 봐 과일 함지박은 수위실 옆에 감춰 놓고 왔다."

그리고 나서 어머니는 황급히 떠나가셨다. 조그맣게 쪽찌어진 어머니의 뒷머리를 보면서 가슴 저 밑바닥에서 차 오르는 뜨거운 어떤 것을 느꼈다.

오후 첫 시간 수업을 빼먹고 난 교실 옥상으로 올라갔다. 촉촉이 젖은 흙먼지 위에 가느다란 망초 대가 파랗게 올라오고 있었다. 나는 그 풀과 얘기를 했다. 난 아주 나쁜 계집애라고.

어머니의 사랑을 배신한 벌이라 생각하며 나는 보리밥을 꾸역꾸역 먹으면서 눈물을 줄줄 흘렸다. 어머니도 내가 왜 도시락을 안 가져갔는지 아시면서 짐짓 모른 척해 주셨을 것이다.

훗날 난 그 도시락 통을 시집올 때 가지고 왔다. 너무 오랫동안 쓰지 않아 여드름이 퐁퐁 솟은 하얀 양은 도시락을 꺼내 볼 때마다 과일 장수를 하며 자식을 키워 내신 어머니의 얼굴이 떠오른다. (주부)

남편의 입술 쪽지

김옥자

"따르릉!"

자명종 소리에 깜짝 놀라 잠을 깼다. 부스스한 머리를 대충 틀어 올리고 부엌으로 가서 쌀이 들어 있는 항아리를 여는데 흰 종이가 눈에 띄었다. 종이에 쓰인 글을 읽기 위해 나는 잠에서 덜 깬 눈을 부볐다.

〈사랑하는 옥이! 가난한 내게 시집와서 고생이 많구려. 조금만 참고 기다려 주오. 결혼 전에 당신을 가장 행복한 여자로 만들어 주겠다던 약속은 꼭 지키리다. 그리고 번거롭지만 내일부터 도시락을 좀 싸주시오. 식당 밥은 도저히 먹기가 싫소.〉

아니, 진작 말을 하지! 반찬은 없지만 갓 시집온 새댁의 음식 솜씨가 엉망이라는 소리는 듣기가 싫었다.

나는 당장 가게에 달려가 계란과 멸치를 샀다. 왜냐하면 그 당시 내가 유일하게 만들 수 있었던 것이 계란찜과 멸치볶음이었기 때문이다. 먼저 멸치를 손질한 다음 갖은양념에다 붉은 고추, 풋고추, 깨소금을 곁들이고 마지막으로 설탕을 넣었다. 그런데 뭔가 허전했다.

처음 싸보는 도시락인데 남편은 물론 남편의 동료들로부터도 인정을 받고 싶었다.

그때 기막힌 생각이 떠올랐다. 당장 쌀집으로 달려가서 팥을 샀다. 언젠가 책에서 본 것을 나도 한 번 해보리라 마음먹었던 것이다.

시간은 가는데 팥이 빨리 익지를 않았다. 다행히 그이 친구가 선물한 가스 레인지 덕택에 시간을 줄일 수 있었다.

난 네모난 도시락에 흰 쌀밥을 담고 빨간 팥으로 하트 모양을 새겼다. 그래도 여전히 허전한 느낌. 그때 계란찜에 넣었던 깨가 눈에 띄었다. 난 까만 깨로 빨간 하트 안에 작고 까만 하트를 그리기 시작했다.

'이만하면 됐어. 그의 사랑을 훔치는 일이 이렇게 힘들 줄이야.'

그가 도시락을 들고 출근하던 날, 하루가 지리하도록 길게만 느껴졌다.

"띵동 띵동!"

힘차게 울리는 벨 소리를 듣고 뛰어나갔다. 감격한 모습의 그를 기대하며 달려나간 내게 그는, 술에 잔뜩 취한 얼굴로 도시락 가방을 내 손에 넘겨주고는 방으로 들어가 버렸다.

순간 섭섭하고도 분한 마음에 눈물이 핑 돌았다. 잠시 후 방을 들여다보니 잠이 들었는지 남편은 고른 숨을 내쉬고 있었다. 그 모습을 보고 나는 '그까짓 도시락 한 번 싸준 게 뭐 그리 대단하다구' 하고 스스로를 위로하며 빈 도시락을 꺼냈다.

그런데 그 속에는 쪽지가 들어 있었다. 나는 설레임 반 두려움 반으로 쪽지를 폈다. 쪽지를 펴는 순간 웬 입술 자국이? 쪽지에는 빨간색 입술이 선명하게 찍혀 있었다. 그 옆에는 눈에 낯익은 남편의 글씨.

〈나의 사랑 옥이에게 보낸다.〉

그 순간 벅차 오르는 감동에 난 소리 내어 엉엉 울었고, 놀란 남편이 잠에서 깨어 달려나왔다. 남편은 덜 지워진 입술의 루주 자국을 문지르며 쑥스럽게 웃었다.

"여보, 고마워. 난 오늘 이 세상에서 가장 행복한 남자였어. 친구들이 얼마나 부러워하든지 덕분에 술 사고 저녁 사고…."

지금도 빨간 루주를 사와 화장실에서 종이에다 입술 자국을 찍고 있었을 남편을 생각하면 웃음과 눈물이 한꺼번에 난다.

도시락을 다섯 개씩이나 싸는 요즘, 깜빡하고 큰애한테 빈 도시락을 넣어서 까마귀 고기라는 별명이 붙은 나에게 그이는 저 하늘 위에서 내려다보며 무슨 말을 할까?(미용실 원장)

발자국 소리

이종선

몇 가구가 한 계단을 사용하는 아파트의 3층에 사는 나는, 동이 트기 전에 조간 신문과 우유를 배달하는 아줌마의 분주한 발자국 소리를 들으며 하루를 시작한다. 5층 학생이 등교하면서 뚜르르 미끄럼 타듯 계단을 뛰어 내려가는 소리도 들린다.

3남 1녀나 되는 자식들이 결혼을 해서 떠나고 나니 기다리던 발자국 소리도 사라지고 말았다. 공연히 마음이 허전하고 고독이 스며들어 반가운 사람이라도 예고 없이 찾아왔으면 싶을 때는 내 식구의 발자국 소리가 아닌 것을 알면서도 현관 문을 슬며시 열고 살필 때도 있다.

그런 나를 보고 영감이 말한다.

"이 시간에 어느 자식이 온다고…. 막내를 기다리나. 이리 와 앉아요."

막내는 서른이 되도록 함께 살았다. 총각 시절 그 애는 회사 일이 바빠서 늦게 퇴근하는 날이 많았는데, 저벅저벅 구두 소리가 나면 초인종이 울리기도 전에 나는 문을 열고 "막내냐?" 하고 물었다. 그러면 아들은 "네, 접니다" 하고 대답하며 계단을 껑충 뛰어

올라 오며 히죽 웃었다.

"텔레비전을 보면서 아들이 오는 것을 어떻게 알지?"

영감이 신기한 듯 물으면 이렇게 대답했다.

"아버지와 어머니의 차이지요."

그 발자국 소리도 결혼과 더불어 뜸해졌다. 외국에서 살다 돌아온 차남하고 살게 된 후에도 쑥쑥 가볍게 올라오는 기척이 아들의 발자국 소리가 분명하지만 문을 여는 것은 손녀의 몫이었다. 끌어안고 뽀뽀하는 상봉의 긴 장면이 끝난 후에야 아들은 "어머니, 다녀왔습니다" 하고 말했다.

고층 아파트에 사는 큰아들네에 가면 아들이 돌아올 시간에 승강기의 땡 하는 소리가 들리고, 이어서 딩동댕 하는 초인종 소리가 들린다. 발자국 소리로 기다리는 사람을 점치는 낭만이 사라졌다고나 할까. 하찮은 일에 나만이 느끼는 허허로운 감정일까!

5층 건물인 아파트는 세월이 흘러 고층으로 재건축한다고 들먹거린다. 그러면 내 발자국 소리 진단도 막을 내리겠지. (서울 동작구 신대방동 교수 아파트 거주)

깊고도 깊은 가슴

김영지

때로 아빠는 상대방에 대한 배려가 지나치시거나 워낙 깊으신 탓에 가족들에게 곧잘 원성을 들으신다. 전화가 짜증나도록 잘못 걸려 와도 너무나 공손한 목소리로 정중하게 응답을 하셔서 귀한 분의 전화인 줄 알고 숨을 죽이고 있던 우리들을 웃게 만들기도 하신다.

아빠는 회사 전 직원들의 생일까지 일일이 챙겨 아끼시는 명상 테이프를 선물하시기 때문에 우리 집 카세트 앞에는 녹음하기 위한 공 테이프가 산만큼 쌓여 있다.

내가 고등학교 때 아빠가 도시락을 갖다 주러 학교에 오셨다가 한 시간 남짓한 아침 자율 학습 시간 내내 교실 문을 차마 열지 못하고 추운 복도에서 서성이신 일도 있었다. 뒷문만 빠끔히 열고 전해 달라는 한 마디만 하면 됐을 텐데 아빠로서는 조용히 공부하고 있는 교실 문을 도저히 열 수 없으셨던 것이다.

평생 다른 사람 챙겨 주느라 바쁘시고 꾀를 모르고 진실되게 살아오신 아빠의 웃음은 그 누구보다도 해맑다.

지금도 가끔 아빠는 여기저기에서 모은 명언들을 복사해서 자식들에게 하나씩 보내신다. 결코 명필이 아닌, 꾹꾹 눌러쓴 까만 볼펜 글씨와 함께 인생을 어떻게 살 것인가에 대한 위인들의 철학이 담긴 글에는 아빠의 살아가시는 모습이 함께 담겨 있다.

아빠는 '청소년'이라는 글자가 들어간 자료만 보면 당장 작은딸에게 부치시는데, 얼마 전에는 달력의 날짜 부분을 오려서 노란 봉투에 보내 오셨다.

"필요하면 이용해라."

날짜 사이의 여백을 이용해서 월중 계획표로 쓰라는 아빠의 자상한 배려를 보는 순간…. 왜 갑자기 울음이 복받쳐 올랐을까. (청소년 개발원 근무)

너거 아부지가?

박선애

　나는 1978년 가을에 교원 발령을 받아 오지의 섬 학교에서 2년 반을 보내고 1981년 봄, 포항 인근의 읍 소재지에 새로 부임을 했다.

　막연한 불안과 미지의 세계에 대한 기대를 안고 나는 함께 발령 받은 백 선생과 포항에 도착했다. 우리는 좀더 넓은 방에서 살아 보자는 생각에서 아침밥도 거른 채 새벽부터 방을 구하러 돌아다 녔다.

　2월 말이지만 겨울이 그 끝자락을 드리우고 있던 터라 날이 몹 시 추웠다. 어중간한 옷차림의 우리 두 사람은 춥기도 하고 서글 프기도 하고 배까지 고팠다.· 하지만 백 선생이나 나나 배부른 형 편이 아니었기 때문에 팔짱을 끼고 이 골목 저 골목을 헤매 다녔 다.

　여고 시절 수학 여행 때말고는 와본 적이 없는 곳이라서 포항은 완전히 생소한 곳이었다. 누구 하나 아는 사람 없는 곳에서 그날 나는 아주 눈에 익은, 그러면서도 너무 낯선 듯한 사람을 만났다.

　다름아닌 아버지였다.

집에서 한 밥상에서 같이 밥 먹고 전방 2미터 안에서만 보던 아버지를 포항이라는 낯선 곳에서 드라마같이 만나니 말로 표현하기 어려운 이상한 기분이 들었다.

새벽 시간을 이용해 포항에 수금하러 온 아버지는 더운 국물 한 모금 못 드셨는지 몹시 추워 보였다. 도저히 우리 아버지라고 여기고 싶지 않은 초라한 모습, 낡은 잠바 사이로 어깨를 움츠린 아버지는 내가 평생을 다 바쳐 모셔도 아깝지 않을 불쌍한 모습이었다.

내가 아버지께도 내 친구에게도 어떻게 해야 할지 몰라 엉거주춤하는데 친구가 물었다.

"너거 아부지가?"

친구의 말에 아버지는 겹겹이 쌍꺼풀 진 송아지 눈 같은 눈에서 닭똥 같은 눈물을 줄줄 흘리시며 말씀하셨다.

"아이고, 이 불쌍한 가시나야! 니 뭐하로 이 추운데 이 꼴로 다니노? 방 구해 돌라카지 니가 뭐할라꼬 밥도 안 묵꼬 이 추운데 어설프게 다니노."

나와 아버지는 서로를 불쌍하게 바라보고는 그날 그렇게 헤어졌다.

훗날 나는 어머니로부터 아버지가 그날 가슴 아파 점심도 안 잡수시고 우울해 하셨다는 이야기를 전해 들었다. 그때 국밥이라도 같이 먹자고 붙잡는 손을 창피하다고, 우리 둘이 방을 구할 수 있다고 고집을 부린 것이 내내 마음 아팠다.

그날 함께 따뜻한 국밥을 먹었다면 아버지도 추운 마음을 녹일 수 있었을 텐데, 나는 아버지 가슴의 여러 구멍 중에 또 한 구멍으로 바람이 들도록 하고서는 아버지를 영원히 잃어버렸다.

그때 친구 몰래 터미널 화장실에서 흘렸던 그 눈물의 몇 배가 아버지 가슴을 적셨을까 생각하니 나는 지금도 눈물이 난다. 아버지, 보고 싶어요. (포항 두호초등학교 교사)

혼자 우셨던 나의 아버지

최현숙

어제 오후, 무거운 우편 행낭으로 어깨가 기울어질 것 같은 집배원 아저씨가 언덕길을 올라가고 있는 모습을 보았다. 15년 전에 돌아가신 아버지의 뒷모습과 너무나 닮은 모습이어서 나는 몇 번이나 눈길을 보냈다.

아버지도 한때 집배원 생활을 하신 적이 있었다. 어깨를 내리누르는 우편 행낭의 무게만큼이나 당신이 겪으셨던 삶의 무게는 보통 사람과 달랐다. 말수는 적으셨지만 아버지는 병치레가 잦았던 어머니와 다섯 딸들을 언제나 따뜻하게 대해 주셨다.

어머니는 내가 초등학교에 들어가기 전부터 이런 저런 병치레가 잦았다. 늑막염, 폐결핵, 심장병…. 그러다가 수면제 과다 복용으로 죽음의 문턱까지 다녀오기도 했다. 마침내 어머니는 심한 우울증에 걸려 자기 세계 속에 갇힌 사람이 되었다.

어머니가 정신 이상으로 발작을 일으키는 동안 어린 동생들은 마당 귀퉁이나 방구석에 웅크리고 앉아 있었다. 어린 마음에도 어머니의 곁에 다가갔다가는 그 억센 손아귀에 잡혀 몸을 짓눌리게 될 것 같은 공포 때문이었으리라. 어머니가 제풀에 지쳐 발작을 그만둘 때까지 아버지와 나는 어머니를 힘껏 부둥켜 안고 있었다.

땀으로 뒤범벅이 된 어머니의 몸이 걸레 뭉치처럼 지쳐 어슴푸레 잠든 기척이면, 아버지는 안주도 없이 홀로 소주잔을 기울이셨다.

눈자위가 붉어진 아버지의 두 눈에 어리는 눈물을 보는 순간 난 참았던 눈물을 손등으로 닦아 냈다.

주변 사람들의 곱지 않은 시선 속에 맏딸인 나와 동생들이 마음에 상처나 입지 않을까 아버지는 늘 염려하셨다.

"현숙아, 마음 굳세게 먹어라. 동생들 잘 돌보고…. 나는 네가 있어서 마음 든든하다. 그래도 엄마가 없는 것보다는 있는 게 너희들에게 낫지 않겠니?"

어린 마음에 차라리, 늘 아프고 정신없는 엄마라면 죽고 없는 게 나으리라는 생각도 했던 내 마음을 아버지께선 미리 읽어 내셨던 것일까? 아버지는 더 이상의 말씀을 줄이시고, 내 등만 두드려 주셨다.

어머니가 발병중에 있을 때, 아버지는 월급 봉투를 내게 맡기시며 대견해 하셨다. 난 어머니 대신 밥을 짓고, 밑반찬을 만들고, 아침마다 도시락을 네 개씩 싸고, 막내 동생 기저귀 빨래까지 하면서 학교를 다녔지만 내 처지를 비관하거나 불행하다고 생각하지 않았다. 그것은 아버지께서 내게 보여 주신 신뢰감 때문이었다.

어쩌면 병든 배우자로 인해 깨져 버렸을지도 모를 가정이었지만, 움켜잡고 다시 일으켜 세우려 애쓴 아버지의 노력은 인간에 대한 책임이며 믿음 그 자체였다.

어머니가 아내로서, 며느리로서, 어머니로서 제 구실을 못했다고 해서 아버지로부터 무시당하거나 학대받는 모습을 나는 보지 못했다.

아버지가 장파열로 갑작스럽게 돌아가신 후, 우리 가족의 삶은 전보다 더 피폐해졌다. 하지만 우리 다섯 딸들이 지금까지 올곧게 잘 자랄 수 있었던 것은 아버지가 어머니에게 베푸신 인정, 희생, 책임, 사랑을 배우며 자랐기 때문이다. (강릉 YMCA 글짓기 강사)

소리 없는 웃음 터진 날

김윤덕

영화는 오늘 아침 책가방에 사회, 산수, 음악책에다 분홍색 부채 하나를 더 챙겨 넣었다. 가을 운동회 때 동네 어른들께 보여 드릴 부채춤 연습을 해야 하기 때문이다. '다시, 아니 아니 틀렸어!' 호랑이 같은 무용 선생님께 야단맞아 가며 한 시간 동안 팔을 올렸다 내렸다 할 생각을 하니, 영화는 아침부터 몸에 땀이 차는 것 같았다.

"우아와… 우아… 우우."

책가방을 등에 지고 문을 나서는데, 엄마가 뭐라고 웅얼거리며 손짓을 하셨다.

'아참, 도시락!'

영화는 말 못하는 엄마의 표정과 손짓을 보면 엄마가 뭐라고 하시는지 금방 알 수 있다.

영화네 집은 영화만 빼고 나머지 여섯 식구가 말을 못한다. 태어날 때부터 말을 못하셨다는 아빠(양선우 씨 · 42세)와 엄마(민순식 씨 · 40세)는, 둘째 영화를 낳았을 때 아기의 귀와 입이 트인 것을 보고 부푼 마음에 내리 삼남매를 더 낳았는데, 불행히도 셋 다

말을 하지 못했다. 그래서 동네 사람들은 영화네 집을 벙어리네라고 부른다. 그 소리에 금세 기가 죽는 영화는 '우리 아빠 엄마는 왜 저런 사람들일까?' 하고 화가 나지만, 학년이 올라갈수록 평생을 말 못하고 살아가는 부모님이 너무 불쌍하다는 생각을 한다.

엄마에게 "안녕 안녕" 하고 손을 흔든 영화는 동네 어귀를 향해 걸어 나왔다. 영화는 집에서 2킬로미터나 떨어져 있는 학교를 걸어서 다닌다. 맨다리에 때가 탄 반바지를 입고 터덜터덜 걸어 가는 영화는 꼭 선머슴 같다. 걷다가 심심해서 영화는 나무에 붙어 있는 매미를 잡아 손으로 꼭 쥐고 학교까지 그 노랫소리를 들으며 걸어갔다.

학교에는 임진왜란 전에 심어졌다는 450년 된 느티나무 한 그루가 운동장 한 구석에 버티고 서 있는데, 나무가 만들어 준 넓다란 그늘 아래서 여자 아이들은 맨발로 곧잘 고무줄 놀이를 했다.

영화는 오늘 산수 시간에 큰 수를 숫자로 나타내는 법을 배웠다.

"0이 여덟 개면 억이에요. 그럼 30,000,000,000은?"

"3백억이요!"

선생님의 물음에 아이들이 일제히 대답했다. 3백억? 대체 그 숫자는 얼마나 큰 것일까. 100원짜리 동전이 몇 개 있어야 3백억이 되는 거지? 공책에 동그라미를 부지런히 그리다, 영화는 문득 제 저금통장에 씌어진 다섯 자리 숫자가 생각났다. 35,200.

종례 시간이 끝나고 담임 선생님이 영화를 교무실로 오라고 하셨다. 새 학기 가정방문 때문에 그러시나, 해서 영화는 은근히 걱정이 되었다. 하지만 선생님은 영화에게 전혀 뜻밖의 소식을 전해 주셨다. 한 달 전 영화는 저축에 관한 글을 하나 써 낸 적이 있는데, 그 글이 서울까지 올라가서 전체 대상에 뽑혔다는 것이었다. 곁에 계시던 선생님들이 "영화 좋겠네" 하시며 벙글벙글 웃어 주셨다. '내가 그때 무슨 이야기를 썼었지? 맞아, 아빠의 저금통장 이야기!'

영화네 집에는 두 개의 저금통장이 있다. 하나는 아빠 것이고 또 하나는 영화 것이다. 아빠는 석회 공장에 나가 일을 해주고 하루에 1만 5천 원을 받아 오시는데, 그 돈을 조금씩 쪼개 두었다가 월말이면 우체국에 가서 저금을 하신다.

그렇게 3년 동안 부어 온 적금이 지난 3월 만기가 되어 아빠에게 110만 원이라는 목돈이 생겼다. 아빠는 엄마와 상의하여 괴산 장날 암송아지 한 마리를 사오셨다. 영화네 식구들을 닮아 눈망울이 새까만 송아지는 영화네 집에서 가장 큰 재산이다.

아빠는 또 얼마 전에 3년짜리 체신 적금을 하나 더 드셨다. 이번에는 그 돈을 모아 충주 농아학교에 있는 영모 오빠(14세)와 옥화(8세)에게 특수 보청기를 사주실 거라고 하셨다. 보청기는 당장에 필요했지만, 하나에 50만 원이나 하는 보청기는 하루벌이로 먹고 사는 영화네 집 형편에 벅찼다. 영화는 식구들을 위해 열심히 저축하시는 아빠가 참 고마웠다.

영화에게도 통장이 하나 있다. 통역(?)을 하러 아빠를 따라 우체국에 다녔는데 그곳에 있는 언니가 하나 만들어 준 것이다. 통장이 생기고 나서 영화는 버스도 안 타고, 아이스크림 가게를 지날 때도 눈을 꼭 감았다. 그렇게 해서 모은 돈이 3만 5천 2백 원.

영화는 조금씩 불어 가는 아빠의 통장과 제 통장이 식구들의 회망을 두 배로 불어나게 해준다는 이야기를 글로 썼다가 이번에 상을 탄 것이었다.

집과는 반대쪽으로 2킬로미터쯤 걸어가면 아빠가 일하시는 하얀 석회 공장이 나온다. 영화의 아빠는 그곳에서 시멘트 포대를 트럭에 실어 나르는 일을 하는데, 영화는 무거워 보이는 시멘트 포대를 한 번에 번쩍번쩍 들어 옮기는 아빠의 모습이 무척 자랑스러웠다.

하얀 석회가루가 온몸에 묻어 아빠는 마치 눈사람 같았다. 공장 문 한 귀퉁이에 쪼그리고 앉아 하얀 땅바닥에 돌멩이로 그림을 그리며 놀고 있는 영화에게 아빠는 조금만 기다리면 된다고 손가락으로 신호를 보내셨다.

영화의 자랑을 듣고 아빠는 정말 아이스크림을 한 개 사주셨다. 하지만 아빠는 영화의 말을 잘 알아듣지는 못하시는 모양이었다. 손가락을 접었다 폈다 하며 발을 동동 구르던 영화는, 아빠가 초등학교를 못 다녀서 그럴 거라고 생각했다.

영화네 집은 새 집이다. 돈이 많아서 새로 지은 집이 아니라, 지난해 홍수로 집이 털썩 내려앉아 동네 사람들이 다시 지어 준 것이다. 나라에서 얼마 보태 주고 남의 돈도 빌리고 해서 다시 집을 지었는데, 영화 엄마는 빚 갚을 길이 막막한지 요사이 한숨이 부쩍 늘었다. 영화는 전보다 더 좋은 집에 사는데도 엄마는 별로 즐거워하는 것 같지 않아 이상했다.

하지만 밭에서 썩어 가는 고추 때문에 엄마가 걱정하신다는 것은 영화도 알고 있다. 남의 땅을 빌려 부치는 형편에 그 흔한 햇볕은 여름내 내리쬐여 주질 않아 고추들이 시들시들 썩어 가고 있기 때문이다. 그래서 엄마는 아빠와 자주 다투셨다. 엄마의 걱정을 모를 리 없는 아빠지만 속이 상하면 하루 번 돈으로 몽땅 술을 드시고 오는 날도 있는데, 그런 날이면 두 분은 알아들을 수 없는 괴성을 지르며 마루에 나가 싸우곤 하셨다. 그러면 영화는 홍모(6세)와 연화(4세)를 데리고 방으로 들어가 숨죽이고 앉아 있었다.

그런데 오늘은 엄마의 얼굴에서도 모처럼 웃음꽃이 피어났다. 아주 오랜만에 고개를 내민 초가을의 햇살만큼이나 기쁜 소식을 딸아이가 안겨 주었으므로. 영화는 이번에 상금으로 50만 원을 타면, 그 돈을 모두 아빠의 저금통장에 넣기로 했다. 상금은 아빠의 고마운 저금통장 때문에 받은 것이니까. 그러면 오빠와 동생의 보청기를 1년 더 빨리 살 수 있을지도 모른다.

오늘 저녁에는 엄마가 맛있는 소시지 반찬을 만들어 주셨다. 영화가 큰 상을 탄다고 엄마는 소시지에 달걀을 씌워 기름에 자글자글 부쳐 주셨다. 소시지를 한 입 물다 엄마랑 눈이 마주친 영화가 히쭉 웃었다. 아빠도 조용히 미소를 지으셨다. 영화네 집 앉은뱅이 밥상 위로 소리 없는 웃음이 번져 갔다. (샘터 기자)

바보처럼 바보처럼

이원하

어느 겨울 오후, 동대문 근처 의약품 도매 상가에 나갔다가 우연히 지난 날의 한 여환우(女患友)를 만났다. 몹시 초췌하고 병색이 짙은 얼굴—역시 또 실패인가? 나의 그녀는 H요양원에서의 투병생활의 암운 때문에 서로 깊이 애중하고 있었으면서도, 그저 "잘 가요" "그럼 안녕히" 두 마디로 아무런 기약도 없이 헤어지고 말았었다.

나는 그녀가 요양원에서 줄곧 겪어야 했던 투병의 위협을 아직도 계속받고 있는 것을 알았다. 극도로 쇠약한 결핵 환자가 마음과 육체의 절대적 안정을 그토록 철저히 침해받고 있었다는 것. 이제 나는 너무나 쉽게 결단을 내렸다. 그녀에게 구혼하면서 "대답은 듣지 않겠노라"고 하였다.

사람들은 우리가 철없는 불장난을 하려는 줄로만 알았을까…, 그들의 이해를 얻기까지 우리는 무척 부심하였다.

다음해 겨울은 그녀의 고향인 낙동강 상류에서 투병 생활을 하였다. 강을 사이에 두고 그녀의 마을이 보이는 대안에 조그만 방을 구해 들고 좌선과 와선(?)과 산책으로 하루 해를 보냈다. 새벽에 강을 건너 그녀의 집에서 조반 먹고 도시락을 싸 가지고 다시 월강했다가, 저녁에 다시 강을 건너 석반 먹고, 어두운 낙동강 건너올 때면 그 싸늘한 낙동강의 모래 바람도, 강물 소리도, 초생달 그림자도 모두가 내겐 무한히 깊고 따스한 감동만 주었다.

언젠가 한 번은 밤새워 원고를 쓰다가 새벽에 그만 잠이 들었다. 약속된 조반 시각이 훨씬 지나도 내가 강가에 나타나지 않으니까 바람 부는 강둑 위에 나와서 기다리던 그녀가 문득 헐레벌떡 강을 건너 숨을 헐떡거리며 뛰어 들어왔다. 겁에 질린 얼굴로 녹아 떨어진 나를 어린애처럼 울먹이며 흔들어 깨운다. 눈을 뜨고 일어나 영문을 물으니, 그제야 그저 망연자실하며 눈물만 주르르 흘린다. 바보처럼 바보처럼…. 내가 가스 중독으로 죽어 있는 줄 알았다니. (소설가)

시골 버스

작자 미상

> 인생에서 가장 좋고 아름다운 것들은 눈으로 볼 수도 없고 손으로
> 만질 수도 없다. 그것들은 오직 가슴으로만 느껴진다.
>
> -헬렌 켈러

한여름의 시골길을 버스가 달리고 있었다. 먼지로 뒤덮인 버스
는 화덕처럼 뜨거웠다. 얼마쯤 달리는데 가로수 그늘 밑에서 한
젊은 군인이 손을 들었다. 버스는 그 앞에 멎었다. 군인은 커다란
배낭을 안고 버스 맨 앞좌석에 앉았다.

그런데 버스는 떠나지 않았다. 왜 안 떠나느냐고 승객들이 소리
쳤다. 운전수는 "저어기" 하면서 눈으로 창 밖을 가리켰다. 승객
들은 모두 운전수가 가리킨 곳을 바라보았다. 멀리서 젊은 여인이
열심히 논둑을 뛰어오고 있었다. 버스를 향해 손짓까지 하는 폼이
어지간히 급한 모양이었다. 승객들은 여인이 올 때까지 기다리기
위해 버스에서 내려 개울가로 가서 세수도 하고 바람을 쏘이기도
하였다.

얼마 후 여인이 도착했다. 그러나 여인은 버스에 타지 않았다.

운전수가 빨리 타라고 소리쳤다. 여인은 잠시 머뭇거리더니 맨 앞 좌석에 앉은 젊은 군인에게로 가서 창 밖으로 내민 손을 잡고서 "몸 성히 잘 가이소" 하며 인사를 하는 것이었다. 젊은 군인도 "걱정 마래이" 하며 여인의 손을 아쉬운 듯 놓지 않았다. 이 광경을 보고 있던 승객들은 너나없이 한바탕 유쾌하게 웃었다. 즐겁고 흐뭇한 웃음이었다. 버스는 다시 먼지를 일으키며 여인을 뒤에 남겨둔 채 매미 울음 소리가 울려 퍼지는 가로수 사이로 멀어져 갔다.

고향처럼 푸근하고 정다워

안삼환

    형과 내가 도청 소재지에서 자취를 하며 학교에 다니던 때였다. 당시 우리는 토요일 새벽 기차를 타고 도회지로 나가곤 했는데, 그날따라 밤새 눈이 수북이 내려 있었다. 나는 앞장 선 형의 발자국을 따라 강가까지는 무사히 왔다. 그러나 돌 징검다리가 얼어서 미끄러울 뿐 아니라 강물도 꽤 불어나 있었기 때문에 우리는 하는 수 없이 아랫도리를 걷어 붙이고 얕은 곳을 가려 강물을 건너야 할 판이었다. 당시 열다섯 살의 심약한 소년이었던 나도 사태는 이미 파악했으나 찬 강물을 건너려니 차마 엄두가 나지 않아 잠시 망연히 서 있었다. 그때였다. 형은 자신의 책가방과 보퉁이(우리 형제가 일주일 동안의 자취 생활에 필요한 밑반찬 따위를 싼 꽤 큼지막한 짐이었다)를 그대로 둔 채 나를 덥석 업고 강물을 건너는 것이었다. 아랫도리를 걷은 채 겨울의 찬 아침 강물을 건너 보지 못한 사람은 이것이 무엇을 의미하는지 알지 못할 것이다. 형은 한 번 건너가기도 힘든 그 강물을 나를 위해 두 번이나 더 건넜던 것이다. 형이 다시 건너갔다가 돌아올 때까지 나는 강변에서 발을 동동 구르며 서 있다가 "형, 발 시리지?" 하고 미안해 하며 물었다. 이에 형은 "응, 하지만 이제 양말을 신으면 후끈후끈해질 거야!" 하고 대답하면서 한 번씩 웃어 보이는 것이었다. 이렇게 형은 고향의 눈길에서처럼 언제나 푸근하고 정다웠다.

　형이 군복무를 마치고 나서 우리들이 나란히 대학에 다니고 있을 무렵이었다. 갑자기 아버님께서 편찮으셔서 대소가를 포함한 우리 일가의 운명이 그야말로 풍전등화 격이 되었다. 때마침 방학이어서 우리 형제는 급히 고향으로 내려가서 간병도 해드리고 농삿일도 거들었다. 방학이 끝날 무렵, 병석의 아버님께서는 "집안 걱정일랑 말고 너희들 갈 곳으로 어서 돌아가라"고 성화셨다. 그러나 현실적으로 형제 중 하나는 고향에 남아야 했다. 그것은 20여 년 전 아버님께서 낙향하셔야 했던 것과 비슷한 경우로서, 집안에 머문다는 것은 어쩌면 좌절과 회한의 길목으로 들어서는 선택일지도 몰랐다. 그래서 우리 형제는 서로 고향에 남겠다는 눈물겨운 주장을 하게 되었고, 그 과정이야 어떻게 되었건 결국 고향에 남은 쪽은 형님이고 보면, 여기에는 나에 대한 형님의 한량없는 신뢰, 사랑, 그리고 자기 희생이 숨어 있는 것이었다. (연세대 교수)

아버지가 사 오신 구두

이기정

　나는 1957년 봄에 서울 혜화동 동성고등학교 뒤에 자리한 성신중고등학교(가톨릭교회의 신부가 되기 위한 소신학교)에 입학해 착실하게 공부하며 고등학교에도 그대로 올라갔다. 학생들은 중1부터 전부 신학교 공동 기숙 생활을 해야만 했다. 고등학교 1학년이 되어 교모에 높을 고(高) 자를 달고 나니 어깨가 으쓱하고 괜히 건들거리고 싶은 마음은 신학생이라고 없을 리 없었다. 나는 그때에 남들처럼 튼튼한 구두가 신고 싶었다. 그래서 집에다 워카에 까만 물감을 들여서 갖다 달라고 편지를 썼던 것이다.

　면회실에 커다란 잠바를 입으신 아버지가 빙그레 웃으시며 계셨고 탁자 위에는 신문지로 싼 큼직한 물건이 있었다. 아버지 앞에 서서 인사를 깍듯이 하고 자리에 앉았다. 나는 속으로 아버지에게 대견하게 보여야 하고 사치스럽게 보이면 안되고 학교 생활이 힘들어도 모든 게 좋다고 말해야 된다고 생각했다. 여하튼 아버지를 만나니 기쁘기도 하지만 어색하기도 했다. 이러저러한 문안을 올린 나에게 아버지는 구두를 풀어서 신어 보라는 것이었다.

　잔뜩 호기심에 싸여 신문지를 한 겹 두 겹 벗기면서 '군인 구두인 워카보다는 일반 구두면 더 좋을 텐데…' 하는 사치스러운 생각을 했다. 그러나 한편으로는 '안돼! 아버지가 신학생인 나에 대해 실망하실 거야' 하는 생각도 하면서 풀었는데, 순간 번쩍하고 빛나는 구두 코끝이며 발목의 부드러운 가죽이 아주 비싼 부츠였다. 당시에는 이런 구두면 백 명 중 한두 명이 신을까말까 한 정도였다. 외출하거나 놀러 갈 때 신으면 뻐길 수 있겠다는 생각이 들었다.

아버지는 매일 서울 장안을 두 바퀴씩 자전거로 도시면서 자동차 부속을 배달하는 일을 하시던 때였다. 아버지의 힘든 일을 생각하면 나의 콧등이 시큰해지지 않을 수 없었다. 자동차 부속 판매가 전망이 있다며 너도 나도 끼여들었고 서울이라도 자동차들이 너무나 적어 소비가 잘 안되므로 이 장사는 누가 계속 더 많이 외상을 깔아 놓느냐 하는 경쟁이 일던 때였다. 이 정도의 구두를 사려면 일주일 정도의 수입을 몽땅 합해야 된다는 생각이 들었다. 나는 잠시 구두를 내려다보다가 불현듯 퉁명스럽게 말을 해버리고 말았다.

"아버지, 나 이거 안 신을래. 도로 가져가요."

속으로는 가져가실까 봐 불안해 하면서도 겉으로는 말이 왜 그렇게 나왔는지 잘 모르겠다. 내가 멋 좀 부리려고 혼자 몰래 꿈꾸던 것을 그 이상으로 알아맞혔다는 데 대한 불쾌감이 갑자기 내 안에서 동의도 없이 발동해 버린 것이다. 나는 왠지 아버지를 괴롭히고 싶은 마음까지 갑자기 들었다. 아마 반항기라 그랬는지, 너무 좋아 그랬는지, 욕망이 너무 쉽게 이루어져 허탈감에 그랬는지 좌우간 잘 모르겠다.

"내가 워카 물들여 달랬지 누가 이런 거 갖다 달랬어?"

원래 아버지는 모든 것을 좋게만 해석하시는 착한 분이시기에, 그게 나를 짜증나게 한다고 속으로 이유를 아버지께 돌리려는 심산도 일어났다. 그러나 아버지는 잔잔한 음성으로 말씀하셨다.

"그래도 아버지가 사 온 건데 신어 보기라도 하려무나."

나는 하라는 대로 묵묵히 신어 보았다. 약간 컸다. 그래도 고맙다는 말이나 좋다는 말이 나오질 않았다. 어색한 투정을 하면서 사치스럽다느니, 운동장에서 마구 신지는 못하겠다느니, 너무나 커서 양말을 다섯 개는 신어야 되겠다느니 하며 투덜대었다. 그러는 가운데 나의 속마음이나 겉마음도 모두 동의해서 싫다는 쪽으로 밀어붙이기로 작정해 버렸다. 한참이나 나의 어리석은 이중적인 불평을 들으시곤 아무 말씀도 하지 않으시며 멋쩍은 손놀림으로 꾸역꾸역 구두를 다시 싸시는 아버지의 모습. 그때 그 모습이 '아버지'라는 단어만 들으면 언제나 내 마음에 뭉클하며 솟아난다.

(신부)

무정한 전화

정서운

작년 봄에 갑자기 언니가 병원에 입원했다는 전갈이 왔습니다. 그 무렵 저도 다리에 신경통을 앓고 있던 참이라서 당장 가지 못하고 한 달쯤 후에 가까스로 서울대병원으로 언니를 찾아가게 되었습니다. 그 좋던 언니의 몸은 피골이 상접하여 차마 눈뜨고 볼 수가 없을 지경이었습니다. 제가 잠든 것 같은 언니의 손목을 잡으며 "성님!" 하고 부르자 언니는 심봉사 눈처럼 눈꺼풀을 떨며 "어이 동숭! 자네 기다리다가 눈 빠지겠네" 하고 울었습니다.

'이것이 형제 정이구나. 나이 들고 병 들면 형제 소중한 것을 깨친다더니…' 하는 생각이 들었습니다. 저는 철들고 처음으로 언니한테 잘못했다고 빌었습니다. 이렇게 기다리고 있던 언니한테 앉은뱅이 걸음으로라도 어서 올 것을 하고 저도 울었습니다.

그날부터 저는 언니의 병원 수발을 하였습니다. 특히 언니는 우리가 어렸을 적의 이야기를 해주는 것을 좋아하였습니다. 보리 퍼내서 떡 사 먹던 기억을 말할 땐 그 고통중에서도 웃으셨습니다. 며느리도 가라, 딸네들도 가라 해놓고서 한사코 저하고만 있자고 붙들었습니다. 병원에서 암 환자인 언니한테 퇴원할 것을 권하였습니다.

언니는 저더러 퇴원해서 시골 집으로 함께 가자고 하였습니다. 시골 언니네 가면 제가 좋아하는 홍어회도 고로쇠약수도 먹게 해 주겠다고 했습니다. 그렇지만 환자 곁에 있는 일이 얼마나 힘이 드는가요? 저는 금방 따라간다고 언니한테 철석같이 약속해 놓고서는 우리 집에 가서 한 열흘 쉬었습니다. 그런데 무정한 전화는 제가 언니한테 가려고 가방을 챙기고 있던 날 아침에 오고 말았습니다.

제가 병실을 나서려고 하자 베개 밑에서 구겨진 1만 원짜리 한 장을 내놓으면서 "동숭. 이걸로 차비해서 택시 타고 얼른 와주소잉" 하던 우리 언니. 그 해맑은 모습이 지금도 눈앞에 삼삼히 떠올라와 제 가슴을 훑어 놓습니다. (인천시 북구 계산동 거주)

형님의 휴가

조희완

전방에서 근무하는 형이 휴가를 나왔다가 귀대일이 임박해서 객지 생활 하는 나에게 들렀다. 휴가 기간 동안 형은 시골집에서 뭘 하면서 지냈는지 몸이 많이 야위었다. 집안이 풍족하다면 별다른 생각이 없겠으나 가난하다 보니 괜히 형이 애처롭고 안타깝게 보인다.

이런 게 내 마음을 억누르는 가운데 오랜만에 형과 함께 저녁을 같이 했다. 하숙집 아주머니의 호의인지 밥상은 맛있게 요리된 불고기와 갖가지 찬으로 가득 차 있었다. 난데없는 진수성찬이 약간은 의아했으나 늘 고생만 하는 애처롭게 생각되던 형에게 죄책감 같은 것을 느끼고 있는 나로서는 형을 잠시나마 즐겁게 해줄 수 있는 게 기뻤다. 이튿날 형은 몸 건강히 맡은 일에 충실하라는 말을 남기고 귀대했다.

그날 저녁, 하숙집 아주머니로부터 어제 저녁 형이 준 돈으로 음식을 차렸고 밀린 하숙비까지 받았다는 얘기를 들었을 때 나는 큰 충격을 받았다. 정말 쥐구멍이라도 있으면 들어가고 싶은 심정뿐이었다.

형은 휴가 동안 일이 바쁜 시골에서 억척스럽게 막일을 하여 얼마간의 돈을 장만한 것이었다. 모처럼의 귀중한 휴가를 그렇게 보냈구나 하는 생각이 들자 눈에서 번갯불이 번쩍였다. (군인)

다 큰 딸을 빼앗기며

허수경

얼마 전에 읽은 한 아버지의 눈물은 정말이지 영화와도 같은 감동을 내게 주었다.

이제 막 웨딩 드레스를 입은 딸이 보낸 편지였다. 아주 어릴 적에 아버지를 하늘나라로 떠나 보낸 그녀는 얼마간의 세월이 흘러 새아버지를 맞이했다고 한다. 조금 크긴 했으나 아직 철없던 시절, 그녀는 낯선 새아버지가 용납되지 않아 뾰족한 가시처럼 이곳저곳을 쿡쿡 찌르며 아버지의 마음에 상처를 입혔다고 한다. 가슴 저 깊숙이 동그마니 자리잡은 친아버지와의 짧은 추억에 새아버지가 들어오지 못하도록 문을 닫고 벽을 쌓았다.

그런 그녀가 어느새 다 자란 지금, 한 남자를 만나 결혼을 하게 되었다. 힘겨운 성장을 뒤로하고 흰 웨딩 드레스를 입은 그녀는 새로운 출발을 위해 신부 입장을 했다. 어색하게 새아버지의 팔짱을 끼고 한 걸음… 한 걸음…. 그녀는 마치 마지막인 것처럼 새아버지의 팔을 뿌리치고 한 남자에게로 갔다.

식이 끝나고, 신혼 여행을 떠나는 그녀의 손을 새아버지가 잡으셨다. 한 번도 잡아 본 적이 없는 새아버지의 손 그리고 한 번도 본 적이 없는 아버지의 눈물.

"내가 잘해 주지 못해 미안하구나. 잘살아야…."

새아버지는 잘살라는 말끝을 못 맺으시고는 딸을 안고 우셨다. 어깨를 들썩이시며 눈물을 펑펑 쏟으시며 목이 메어 한 말씀도 못 하시고 한참을 우셨다.

〈전 그때 비로소 깨달았어요. 아버지가 날 정말 사랑하셨구나.〉

나는 그녀의 편지를 읽으며 '아버지'라는 글자마다 파도치듯 떠오르는 내 아버지의 얼굴 때문에 괴로웠다. 딸이 자신의 반대에 그렇듯 '몰래 결혼'으로 맞설 줄은 꿈에도 모르셨던 나의 아버지. 결국은 하나밖에 없는 딸의 결혼식을 지켜보지도 못하고 배신의 상처를 홀로 곰삭여야 했던 나의 아버지. 뒤늦게 호적에서 가위표가 그어진 딸의 이름을 발견하셨을 때, 나의 아버지가 흘린 눈물은 얼마큼이었을까. (방송인)

2
평범한 행복 1

삶의 보람

박충희

6월이면 생각이 난다. 10년 전 어느 날 나는 군청 공보실에 근무하고 있었기 때문에, 영사기를 가지고 어느 농촌을 찾아갔다. 그곳은 면에서 8킬로미터나 떨어진 산골이었다

연일 야근 근무로 몸도 피로하고 날씨도 덥고 해서 그냥 면 소재지에서 영화를 상영하고 말까 했으나, 면장님이 직접 걸망을 만들어 영사기를 짊어지시기에 나도 하는 수 없이 녹음기를 어깨에 메고 구슬땀을 흘리며 뒤쫓아갔다.

막상 가보니 영사기를 놓을 만한 테이블 하나 구할 수도 없어, 나의 불평은 더욱 심했다. 하는 수 없이 우리 일행은 마을 뒷산으로 올라갔다. 어느 묘 앞 상석에다 영사기를 놓고 스크린을 여기에 맞추어 치는 수밖에 없었다. 온 마을 사람들이 어른 아이 할 것 없이 큰 잔치나 난 듯이 뒷산으로 모여들었다.

그런 대로 영화를 끝내고 모든 기계를 정리하다 문득 영사기 있는 쪽으로 시선을 돌렸다. 웬일인지 머리가 하얀 노인 한 분이 영사기를 붙잡고 눈물을 흘리며 울고 계시지 않은가.

내가 그곳으로 가서 물었다.

"할아버지, 좋은 구경하시고 왜 이렇게 울고 계십니까?"

할아버지가 나를 쳐다보며 말했다.

"여보게, 이 조그마한 통 안에 무엇이 이렇게도 많이 들었소. 산과 들도 나오고 자동차도 사람도 수없이 나오니, 그 얼마나 신기한 것이오. 만일 내가 어제 죽었다면 어떻게 이런 것을 구경했겠소? 내 생전 이런 신기한 것은 처음 보았기에 나 스스로가 오늘까지 살아온 것이 기뻐서 울었소."

그 노인은 나이가 칠십도 넘어 보였다. 나는 나도 모르게 눈시울이 뜨거워지며 순간 모든 피로가 일시에 사라졌다. 우리 나라에 아직도 이런 곳이 있었구나, 하고 뉘우쳐졌다. 나는 산을 내려오며 곰곰이 생각했다. 오늘에야말로 나는 삶의 보람을 가장 크게 느낀 것이라고. 그 노인은 지금은 고인이 되었겠지만, 만일 저승이 있다면 "나는 영사기를 보고 왔다"고 자랑할 것이다. (충북 옥천 문화원장)

한 잔의 커피

심치선

내가 젊었을 때 나는 똑똑한 사람들을 훌륭한 인간으로 알았다. 이
제 나이가 들어 나는 친절한 사람들이야말로 훌륭한 인간임을 안다.

-아브라함 헤셀

얼마 전 어떤 제자의 가정을 방문한 일이 있었다. 특별한 볼일
이 있어서가 아니라 시내에서 집으로 돌아오는 길에 문득 생각이
나서 밤이 좀 늦었음에도 불구하고 찾아보기로 하였던 것이다.

초인종을 누르자 내 목소리를 알아들은 부인이 반겨 맞아 주었
다. 아이들도 모두 나와서 인사하고 커피를 끓여 온다, 사과를 깎
아 온다, 온 집안이 떠들썩할 만큼 환영을 받았다.

한 30분 동안 우리는 아이들 자라는 이야기며 살림 이야기며 두
서없는 몇 마디를 주고받다가 밤도 늦었고 밖에서 기다려 주는 운
전기사에게도 미안해서 곧 일어났다.

차를 타고 집으로 돌아오는 차 안에서였다. 운전기사의 기분이
퍽 가벼운 듯 보였다. 나는 내가 일찍 나와 줘서 고맙게 생각하나
보다고 생각했다. 그 순간에 운전기사가 이렇게 말했다.

"선생님, 감사합니다. 커피요."

나는 무슨 말인지 알아듣지 못하고 되물었다.

"커피라니요?"

그러자 운전기사가 말했다.

"따끈한 커피 한 잔 마셨어요. 그 댁 부인이 갖다 주시던데요."

나는 아차 싶었다. 그 운전기사는 내가 특별히 부탁해 커피를 갖다 준 것으로 믿은 모양이었다. 나는 속으로 흐뭇하게 생각하면서도 그 집 주부의 놀랍도록 세심한 배려에 새삼 놀라지 않을 수 없었다. 나하고 함께 이야기하면서 어느새 밖에 있는 운전기사 생각까지 했다니.

겉으로만 반긴 것이 아니라 진심으로 사람을 대하고, 사소한 데까지 마음을 쓰는 그 주부의 섬세함은 오래도록 내 마음을 훈훈하게 하였다.

"오늘 기분 좋겠수."

운전기사에게 말을 건네니 그도 내가 부탁한 커피가 아님을 눈치챘는지 이렇게 말했다.

"정말 흔한 일이 아니죠."

그후 나는 커피 잔을 들 때마다 그 여인을 마음에 떠올리고 마음 흐뭇함을 느끼곤 한다. 아마 운전기사도 그러하리라. (연세대 여학생처장)

제자의 가르침

최정현

지난 5월은 여러 가지 행사로 유달리 바쁜 달이었다. 평소에도 별로 건강치 못했던 나는 과로한 탓인지, 학생들의 매스 게임 연습을 보고 있던 어느 날 드디어 심한 두통과 빈혈이 일어나 일찍 집으로 돌아오지 않을 수 없었다.

자리에 누워서도 이것저것 학교 일만 걱정이 되어, 아들을 불러 놓고 몇 가지 내용을 학교에 전하라고 이르는데 전화 벨이 울렸다. 30년 전에 가르친 제자의 전화였다. 학교에 전화를 하니 편찮으시다 하여 걱정이 돼 걸었다는 것이었다.

전화를 끊은 지 한 시간도 안 지나 누가 찾아왔다. 전화를 걸었던 그 제자였다. 목소리만 듣다 얼굴을 대하니 더욱 반가웠으나, 한편 아픈 모습을 보여 주는 것이 미안하기도 했다.

제자는 내 딸에게 부엌 좀 안내하라고 했다. 왜 그러냐고 하니까 가만히 누워 계시기만 하라는 것이었다.

이 생각 저 생각 옛날의 제자 모습을 머리에 그리며 누워 있자니 지나온 세월이 꿈만 같고, 제자가 저토록 중년 부인이 되었으니 나도 이제 정말 늙었구나 하는 쓸쓸한 느낌이 들었다. 그때 제자가 상을 차려 들여 오는 것이 아닌가.

내가 그토록 좋아하는 북어국이었다. 뜨거운 김이 얼굴에 닿는 순간 나는 콧등이 시큰해졌다. 제자도 돌아가고 그녀의 정성 덕분인지 나의 건강도 빨리 회복되었다.

며칠 후, 새벽같이 문을 두드리는 소리가 나서 나가 보니 바로 그 제자였다.

"오늘이 선생님 생신이시죠?"

나는 말문이 막혔다. 해마다 맞는 생일이지만 아침 일찍 출근해야 하는 나에게 생일다운 아침이 특별히 있을 수 없었기에 모두 잊고 있었기 때문이다.

그날 아침 우리 가족은 제자가 준비해 온 음식으로 즐거운 잔치를 벌였다. 어느 날보다 부푼 가슴을 안고 대문을 나서려는데 아들딸들이 대문 밖까지 나와서 배웅을 했다.

"어머니, 안녕히 다녀오세요."

전에는 없던 일이었다. 분명히 내 아들딸들은 그 제자의 성의에 감화를 받은 모양이었다. 붐비는 차 속이었지만 내게는 새로운 용기가 샘솟았다. 그리고 지금까지 살아온 나의 길이 그래도 보람찬 것이었구나 하는 생각이 들었다. 그러고 보니 나의 제자는 자식들에게만 교훈을 준 것이 아니라 나에게도 뭔가 가르침을 준 셈이다. (서울여중 교장)

피 묻은 태극기

이상룡

내가 청룡 부대 소속으로 호이안 전선에서 싸운 지 4개월쯤 되었을 때 ×고지를 미군과 함께 합동으로 수색 작전을 편 적이 있었다. 나는 3분대 첨병으로 적진을 향해 조심스럽게 탐색하고 있었는데 갑자기 앞에서 폭음이 일어나며 부대의 동요가 일었다.

3분대 선임 조장의 숨찬 보고에 의하면 분대장, 통신병 그리고 대원 한 명이 부상을 입었다는 것이었다. 우리는 급히 현장으로 달려갔다.

뜨거운 남국의 햇빛 아래 세 사람이 위생병의 응급 치료를 받고 있었다. 모두 의식을 잃고 있는 가운데 통신병만 정신을 차린 채 소대장에게 사과를 하고 있었다. 부대의 사기를 저하시켜 미안하다는 말이었다.

그 통신병은 전쟁터에서 내게 둘도 없는 친구였다. 광주가 고향인 그는 신병 훈련소, 포항 사단 그리고 월남 전선에까지 나와 함께 생사를 나눈 전우였다.

잠시 후 헬리콥터가 날아왔다. 통신병은 들것에 실려 가면서 오른손으로 나를 불렀다. 그리고는 뭔가 돌돌 말린 헝겊을 주며 미안하다는 말을 남기고 날아가 버렸다. 나는 우울한 마음으로 나무 그늘에 앉아 그 전우가 주고 간 것을 펼쳐 보았다.

그것은 군데군데 피로 얼룩진 조그마한 태극기였다. 그리고 그 태극기 한 귀퉁이에는 안녕과 행운과 개선을 비는 글씨가 수놓아져 있었다. 아마 사랑하는 애인으로부터 받은 모양이었다.

나는 가슴속에서 내가 품고 다니던 태극기를 꺼내 견주어 보았다. 내 것은 아직 깨끗했지만 언제 통신병의 태극기처럼 피로 얼룩질지 모를 일이었다.

나는 두 개의 태극기를 고이 접어 넣으면서 알 수 없는 눈물을 흘렸다. 조국을 떠날 때 거리에서 혹은 부두에서 여학생들이 흔들어 주던 태극기 그리고 우렁찬 군가들이 떠오르며 그런 착잡한 심정이 한꺼번에 몰려 왔다. (청룡 2605부대 27중대 일병)

이발사 친구의 행복

권상철

이미 이 세상 사람이 아닌 친구 한 사람을 소개합니다. 그는 초 등학교를 마친 후 조그마한 이발소에 취직해, 손님들의 머리를 감 겨 주는 일부터 시작해서 어른이 되어서는 이발소 주인이 되었습 니다. 그러면서 그는 고아원에 찾아가서 원생들의 머리를 손질해 주는 등의 일을 좋아하였습니다.

제가 언젠가 군에서 휴가를 받고 고향에 돌아왔을 때, 그와 둘 이서 자주 가던 바닷가에서 이런 저런 이야기를 많이 나눴습니다. 그때 그는 행복에 관한 이야기를 더듬거리면서 말했습니다. 자기 는 어려서부터 이발소 일만을 했기 때문에 다른 것은 잘 모른다고 하면서, 그는 행복을 이렇게 표현했습니다.

이발하러 오신 손님의 머리를 정성껏 손질할 적엔 아무런 잡념 없이 오로지 그 손님의 머리만을 온 마음을 다해 다듬어 갈 뿐이라 고. 그것이 자신에게 있어서는 행복이 아닌가 생각한다고.

살면서 외로움을 느낄 적엔, 저는 이따금씩 그때 그 바닷가를 찾곤 합니다. 지금 그는 이 세상에 없지만 파도 소리를 들을 적마 다 그때의 이야기를 떠올립니다. (농부)

어느 약속

김구연

한 가슴에 난 상처를 치유해 줄 수 있다면 난 헛되어 산 것이 아니리라. 한 인생의 아픔을 달래 줄 수 있다면, 한 고통을 위로해 줄 수 있다면, 기운을 잃은 한 마리의 개똥지빠귀를 둥지에 데려다 줄 수 있다면 난 헛되이 산 것이 아니리라.

-에밀리 디킨슨

내가 파월 국군으로 부산항에서 배를 타려고 전방 모 기지에서 기차로 출발, 청량리역에 도착했을 때의 일이다. 수많은 환송 인파가 행운을 빌어 주고 있었지만 나는 고향이 경상도라 아무도 나오지 못했다.

그냥 차창에 기대어 바깥 인파만 쳐다보다 기차가 출발 신호와 함께 서서히 홈을 빠져 나가는 순간, 누군가가 창문을 통해 하얀 쪽지를 건네주었다. 캄캄한 밤이라서 그 사람이 누군지 얼굴을 분간할 수도 없었다.

나는 그 쪽지를 받아 들고 읽어 보았다.

〈약속합시다. 살아서 돌아오신다고.〉

글씨 밑에 주소와 이름이, 그것도 여성의 이름이 적혀 있었다. 정말 고마운 여성이구나 싶어, 월남에서 전투를 하면서도 가끔 나는 그 쪽지의 주인공을 생각했다.

사실 벅찬 소대장의 전투 임무 때문에 자주 그 쪽지의 주인공에게 소식을 전해 주진 못했지만 그 여성은 꼬박꼬박 서신을 보내 주었다.

그후 나는 상처를 입고 불구자가 되어 조국에 돌아왔다. 병원 생활을 끝내고 지금은 사회인이 된 나는 그 여성의 고마움이 생각나서 주소록을 뒤져 보지만 찾을 길이 없다. (회사원)

잊을 수 없는 중국인 가정

이경희

그 가족과의 사진을 아무리 찾아봐도 보이지 않는다. 실패한 몇 개의 필름 속에 들어 있는 모양이다. 미국 여행중 방문한 가장 인상적이었던 하와이의 한 가정. 오랜 세월이 지난 후에도 잊혀지지 않는다.

파티에서 정말 우연히 만나 인사를 나눴는데, 그 집 부부는 나를 자기 집에 초대했다. 사실 낯선 여행에서의 초대란 그다지 반가운 일은 아니지만, 그들이 중국인이라는 데서 이상하게도 같은 민족을 만난 것 같은 친근감이 들어 초대에 응했다.

"저 분은 언제나 말이 적습니다. 그러나 속은 무척 다정하답니다."

저녁 식사가 끝나자 별말 없이 자기 방으로 가버린 남편을 보면서 상냥한 부인이 내게 말했다.

방으로 들어가는 그 남편의 뒷모습만으론 결코 부인의 설명대로 다정하게 느끼기는 어려웠으나, 말 없는 남자의 본심은 어떤 것일까 하는 호기심이 들었다.

공과 계통의 연구소에서 일한다는 그 남자는 재미 중국인 2세였다. 부인은 대만에서 이곳으로 공부하러 왔다가 그와 결혼해 그대로 눌러앉게 된 미모의 어학도였다.

아직 아이가 없는 이 부부는 모두 직장에 나가고 있었다. 부인의 유일한 즐거움은 남편이 운전해 바래다 주는 직장과 집 사이의 드라이브 코스, 그리고 먼 곳에서 찾아오는 손님의 대접 같은 것이었다. 애들이 없어서인지 무척 쓸쓸하게 느껴지는 이 가정에서 한 동양 여인의 생활상을 나대로 평가하며 앉아 있었다.

차를 마시면서 부인은 서랍에서 아주 귀중한 보물이라도 만지듯 예쁜 봉투 하나를 꺼내 보여 주었다. 봉투 안에는 비행기 표가 들어 있었다.

"이거 비행기 표예요."

물론 나는 알고 있었다.

"타이베이로 가는 거군요."

"그렇습니다. 저이가 어머니날 선물로 제 어머니를 위해 저에게 사준 거랍니다."

그녀는 감격으로 거의 울상이 되면서 그 표의 사연을 내게 얘기하는 것이었다. 홀어머니 밑에서 자란 자기가 항상 타이베이에 계신 어머니를 생각한다고 남편이 그곳의 왕복표를 이렇게 마련해 주었다는 것이다.

"우리 월급으로는 굉장한 금액입니다. 저이는 자신이 즐기는 일체의 것을 끊고 절약해 이것을 마련해 주었어요. 그리고는 제가 어머니를 초청하는 것처럼 하라고, 딸이 초청하는 게 어머니날의 선물로 더욱 뜻있지 않겠냐고 말했어요."

나말고도 벌써 몇 사람에게 했을 그 자랑스러움. 그녀는 끝내 눈물을 흘리고 말았다.

별로 말이 없는 남편과 부인과의 관계…. 그러나 그들의 조용한 대화며 정중한 태도는 내게 아무 설명 없이 그 가정의 따스한 분위기와 향기를 말해 주었다. (서울전문직업여성클럽 회장)

금붕어

강정순

아주 오래 전 일이다. 키 작은 소년이 금붕어 가게 앞에서 어항을 들여다보기도 하고, 큰 대야에 담겨 있는 풀을 들여다보기도 하면서 한참이나 서성거리고 있었다.

소년은 별로 깨끗한 옷을 입고 있지는 않으나 동그란 눈이며 까무잡잡한 피부가 무척 귀여운 아이였다. 학교에서 돌아오는 길인지 한쪽 어깨에 책가방을 메고 있었다.

드디어 주인 아저씨가 눈치채고 주의를 주었다.

"얘, 왜 거기 서 있니? 비켜라."

소년은 아직도 주저하는 몸짓으로 조금 비켜 섰다가 용기를 내어 물었다.

"아저씨, 저 빨간 붕어 얼마예요?"

주인이 퉁명스럽게 말했다.

"네가 사려고? 그건 비싸다. 200원 짜리야."

소년이 말했다.

"150원밖에 없는데 어떡하죠? 할머니가 돌아가시려고 해요."

소년의 이야기를 들어 보니 할머니와 그 소년은 붕어를 기르고 있는데 그중 한 마리가 죽었다는 것이었다. 그런데 공교롭게도 할머니가 그날부터 몹시 편찮으시게 되었다는 이야기였다.

소년은 붕어 때문에 할머니가 병이 나신 걸로 생각하고 매일 10원씩, 20원씩 생기는 돈은 모조리 저금해서 붕어 값을 모아 온 모양이었다.

조금 싼 붕어를 가져가면 어떠냐고 했더니, 반드시 처음의 그것이어야 한다는 것이었다. 죽은 붕어와 닮았다는 것이었다.

소년의 간절한 눈빛을 본 주인이 마침내 150원에 붕어를 주었다. 소년은 동전을 하나하나 털어 내놓고는 붕어를 들고 기뻐하며 뛰어갔다. (주부)

팥죽 할머니와 나

김을한

 신문 기자와 돈은 인연이 멀다. 더구나 그 당시 내가 다니던 신문사는 경영이 곤란해서 월급을 잘 주지 못했다. 한두 달이면 모르지만 1년치나 밀리면 아무리 인심 좋던 시절이라 해도 도무지 배겨낼 수가 없었다. 당시 나는 하숙 생활을 했는데 밥값을 잘 낼 수가 없어서 그해 겨울을 신문사 숙직실에서 지낸 일이 있었다.

 가장 큰 고통은 하루 세 끼 꼬박꼬박 밥을 사 먹어야 한다는 데 있었다. 그래서 나는 아침만은 팥죽을 사 먹기로 했다. 아침에는 많은 밥보다도 가벼운 죽이 몸에 좋을 뿐더러 가장 값이 싸기 때문이었다. 그래서 나는 눈이 오나 비가 오나 팥죽집에 들렀다.

 내가 다니던 팥죽집은 신문사 바로 맞은편 골목에 있었는데, 다 쓰러져 가는 판잣집 방 한 칸을 얻어서 할머니 한 분이 쓸쓸히 살고 있었다. 너무나 고독한 탓인지 아니면 인정이 많아서인지 누구에게나 친절히 대했으며 특히 내게는 자신의 식구처럼 애정을 표시했다. 돈이 없을 때도 흔쾌히 외상을 주었고, 외상 값이 밀려서 잘 가지 못하면 일부러 신문사까지 찾아와 왜 오지 않느냐고 나무라기도 했다. 그때 할머니의 말이 인상적이었다.

116

"늙은 것이 무얼 알까마는 당신은 나라를 위해 일하는 사람인데 그까짓 팥죽값이 뭐란 말이오. 팥죽쯤은 거저 드려도 좋으니 계속 와주시오."

나는 도리어 부끄러운 생각이 들어서 대꾸를 못하고 그 마음씨가 고마워서 돈이 있으나 없으나 매일같이 팥죽집에를 다녔다. 몇 달이 지난 뒤 지방에 특파원으로 갔다가 오랜만에 팥죽집에 들렀더니 문 앞에 종이로 만든 흰 초롱이 달리고 사람들이 모여 있었다. 팥죽 할머니가 갑자기 병이 나서 바로 그 전날 밤에 세상을 떠났다고 했다. 그리고 아무도 돌볼 사람이 없어서 동네 사람들이 돈을 걷어 장례를 치러 주고 있는 것이었다.

나는 그 할머니가 불쌍해서 그날 밤은 동네 사람들과 함께 상가에서 지내고 이튿날 신문사로 돌아와 사장실 문을 두드렸다. 신세를 태산같이 진 팥죽 할머니의 마지막 길에 그저 가만히 있을 수가 없었기 때문이다.

그 무렵 사장은 신문사를 경영하느라고 전 재산을 탕진한 사람이었다. 내 말을 다 듣고 난 사장은 돈을 줄 수가 없었던지 손목에 차고 있던 금시계를 내놓았다. 그거라도 잡혀서 장례비에 보태라는 뜻이었다.

이튿날 팥죽 할머니의 장례식에서는 자식도 아니오, 친척도 아닌 내가 묵묵히 그 뒤를 따랐다. (언론인)

깨어진 독값

양은석

작년 가을 김장철이 다가왔을 무렵의 일이다. 어떤 지게꾼이 김장독을 지고 건물 옥상까지 오르다 좁은 계단에서 떨어져 큰 부상을 입었다. 아마도 어두운 좁은 계단인 데다가 영양 실조로 시력이 흐려지고 다리가 떨려서 발을 헛디딘 모양이었다.

피투성이가 되어 병원에 실려 온 그 지게꾼은 동맥이 끊어져 있었고, 출혈성 쇼크로 빈사 상태에 빠져 있었다.

나는 의사의 입장에서 최선을 다해 동맥을 잇고 근육과 피부를 꿰매어 응급 치료를 했다. 치료를 마치고 수술실 밖으로 나오는데 웬 남루한 차림의 아주머니가 뛰어들어와 나를 붙들고 말했다.

"어떻게 해서든지 금년엔 김장을 담그려고 겨우 독값을 마련했는데, 독이 깨졌다니 독값은 어떻게 해요?"

처음에 지게꾼의 아내인 줄 알았던 나는 그 말을 듣고 어리둥절해졌다. 지게꾼의 입장에서는 분명히 큰 재난이고, 병원 측으로선 이런 경우 치료비는 대개 인정상 받지 못하고 끝내야 했다. 그런데 지금 이 아주머니의 머리 속은 깨어진 독만으로 가득 차 있는 모양이었다.

내가 말했다.

"아주머니 사정도 딱하긴 하지만 저 환자의 형편도 말이 아니군요. 겨우 목숨을 건진 셈인데 하루벌이 하는 사람이 돈이 있겠어요?"

아주머니는 그제야 정신이 든 듯 진정 미안하다는 표정을 짓고 말없이 돌아갔다.

환자가 의식을 찾은 뒤에 집을 알아보니 충청도 어느 시골이었다. 그는 식구들과 헤어져 서울로 올라와 남대문 노무자 숙소에 거처를 정한 지 한 달도 채 안되었다는 것이었다.

며칠 뒤 환자의 동생이 나타나 간병을 하게 되고, 환자는 한 열흘쯤 치료를 받고 나서 시골로 내려가게 되었다. 그런데 막상 떠난다는 날짜가 되어도 동생은 여비를 못 구했는지 퇴원을 하루 이틀 미루기만 했다.

그러던 어느 날, 독 주인 아주머니가 느닷없이 병원에 찾아왔다.

"의사 선생님, 얼마 안되지만 환자 치료비에 보태 주세요. 금년에는 꼭 김장을 담그려고 했는데 이렇게 됐으니, 김장은 내년부터 담그기로 하고 김장 담그려고 모아 둔 돈을 여기 가져왔습니다."

그렇게 말하는 그녀의 모습은 성스럽기까지 했고, 그 음성은 두고두고 내 귀에서 사라지지 않았다. (의학박사)

산타 할매

김기숙

    마지막 남은 한 장의 달력을 바라보며 올해도 다 가는구나 하는 서글픔과 함께 12월 25일에 눈길이 머물자 새삼 지난해 크리스마스 때 일이 생각났다.

    그러니까 유난히도 춥고 바람이 차가웠던 대구에서였다. 기숙사 안은 온통 겨울 방학, 크리스마스 계획으로 술렁대었다. 당시 간호학과 학생이던 나는 '이번 크리스마스를 어떻게 보낼까?' 하고 생각하면서 하모니카를 들고 뒷산에 올라갔다. 그때 문득 군부대 초소에서 근무하고 있는 초병을 보자 하나의 생각이 떠올랐다.

    나는 곧 시내로 나갔다. 다과점에 들러 도넛을 사고 홍차도 준비했다. 드디어 크리스마스 이브, 나는 커다란 보온병에 홍차를 끓여 넣고 조그만 그릇에 도넛을 담아, 지금은 전방 어느 후송 병원에서 근무하고 있는 친구와 함께 일을 시작했다.

    처음엔 총을 든 군인이 무서워서 초소 앞까지는 못 가고 근처에서 먼저 "메리 크리스마스!" 하고 소리를 치고서야 가까이 갈 수 있었다.

    우리는 차를 따라 주고, 빵을 나눠 주었다. "수고하십니다!" 하

는 우리의 합창에 반가워하는 군인들의 얼굴이 달빛에 비칠 때,
나는 기뻐서 눈물이 나올 것 같았다.

다음 초소에서 그 다음으로, 우리는 신나게 다녔다. 어떤 군인
정신이 투철한 일병 아저씨는 "손들엇!" 하며 총을 들이대기도 했
고, 그 바람에 우리는 놀라 보온병을 땅에 떨어뜨리기도 했다.

며칠 뒤 사령부 신문에 '어느 산타 할매, 초소를 방문하다!'라는
기사가 실렸다.

'그 산타 할매가 바로 나란 말이야.'

나는 몇 번이나 그렇게 속으로 중얼거렸다. (간호사)

작은 행복

문정희

나는 원래 뜨개질 같은 것을 싫어했다. 바늘로 실을 잡아당겼다가 다시 넣고 하는, 똑같은 행위의 끝없는 반복이란 지독히 권태스럽고 비창의적인 일이라고 단정해 버렸다. 차라리 그 시간에 독서를 한다든가, 음악을 듣는 편이 훨씬 더 보람 있는 일로 생각되었다.

그러나 내가 교사로 있는 학교의 오후는 시끄러우면서도 무료하다. 독서를 하기에는 너무도 산만하다. 그래서 우연히 낮 시간 이용의 한 방법으로 시작해 본 것이 뜨개질이었다.

한 코 한 코를 떠가면서, 지금까지 뜨개질에 대해 내가 갖고 있던 생각과는 확실히 다른 무엇이 있음을 알았다. 남편의 믿음직한 어깨 넓이를 어림으로 재어 보는 흐뭇함도 컸으며, 또 한 가지는 이 일이 결코 반복이나 비창의적인 일만은 아니라는 것이었다. 여기에는 완전한 한 가지 철학이 있었다. 한 코만 잘못되어도 전체가 다 풀어져 버리는 질서와, 절대의 조화가 필요하다는 것이 그것이었다. (시인)

우편 배달부의 성

김치수

얼마 전, 내가 평소에 존경하던 선배 한 분이 프랑스에 다녀왔다. 나는 선배의 독특한 안목에 대해 깊이 신뢰하고 있었기 때문에 그의 프랑스 여행담을 기대했다. 사실 선배는 많은 것을 보고 왔다. 떼아뜨르 프랑세즈의 관람이니, 샹송이니, 프랑스인의 생활이니 많은 것을 들을 수 있었다. 하지만 나를 감동시킨 이야기는 다른 것이었다.

선배는 어느 날 한 마을을 지나가게 되었는데, 그곳에 어울리지 않는 큰 성곽이 있었다. 그처럼 조그마한 마을에 큰 성곽이 있는 것이 이상스러워 가까이 가보았더니 거기에는 우편 배달부의 성이라는 팻말이 붙어 있었다.

그리고 그 밑에는 다음과 같은 내용의 글이 적혀 있었다.

'19세기 말엽에 이 마을에는 한 우편 배달부가 있었다. 그의 소원은 자기도 귀족처럼 큰 성을 갖는 것이었다. 그러나 우편 배달부로서 그는 그런 성을 가질 만한 경제적, 사회적 조건을 갖추고 있지 못했다.

그래서 그는 매일 자신이 우편물을 배달하러 다니는 동안에 그곳에서 돌을 모으기 시작했다. 하루에 두세 개도 모으고 많은 날은 십여 개도 모으는 일을 그는 우편 배달부 생활 40년 동안 계속했다. 그랬더니 그 돌이 하나의 성을 쌓을 만큼 많아졌고, 그리하여 그 우편 배달부는 직장에서 퇴직을 하고 퇴직금으로 그 성을 쌓았다.'

그는 그의 꿈을 40년 만에 이루었으며, 여생을 그곳에서 편안하게 보냈다. 그리고 프랑스 정부에선, 이 우편 배달부야말로 오늘의 프랑스를 있게 한 프랑스 정신을 가장 잘 보여 준 사람이라 하여 오늘날까지 그 성을 보존하고 있다는 것이었다. (문학평론가)

평범한 수수께끼

작자 미상

옛날 그리스에 유명한 애꾸눈 장군이 있었다. 장군은 죽기 전에 자기 초상화를 남기고 싶었다. 그래서 이름난 화가들을 불러 초상화를 부탁했다.

그러나 화가들이 그려낸 초상화를 보고 장군은 못마땅하게 생각했다. 어떤 화가는 애꾸눈을 그대로 그렸고, 또 어떤 화가는 장군의 속마음을 짐작해 양쪽 모두 성한 눈을 그렸던 것이다. 장군은 애꾸눈의 자기 초상화도 못마땅했지만 성한 눈을 그린 것은 사실과 다르기 때문에 화를 냈다.

고민하고 있는 장군 앞에 아주 어리고 이름도 없는 화가가 장군의 초상화를 그려 보겠다고 나타났다. 장군은 미심쩍었지만 초상화를 남기고 싶은 마음에 허락했다. 그런데 이 무명 화가의 초상화를 보고 장군은 매우 흡족해 했다. 그 화가는 장군의 성한 눈 쪽의 옆모습을 그렸던 것이다.

그 무명 화가는 하나의 평범한 수수께끼를 푼 것에 지나지 않는다. 인생에는 여러 가지 수수께끼가 있다. 그것들을 어떻게 풀어 나가는가 하는 데는 생활의 지혜가 필요하다.

용기와 단념

박찬순

완전한 소유는 오직 줌으로써 가능하다. 당신이 주지 못하는 것은
결국 당신을 소유해 버린다.

-앙드레 지드

아름답고 싶은 의지로 아름답게 되어 가는 여자, 지혜롭고 싶은
의지로 하루하루 자신의 교양을 닦아 가는 여자, 그래서 세련됨을
간직하는 여자, 내가 아는 여성 중에 K여사가 그런 분이다.

K여사는 늘 자기의 소망을 이야기했는데, 그것은 이 세상에서
자신이 가장 좋아할 만한 일을 발견하는 것과 사랑할 수 있는 사람
을 만나는 것이라고 했다. 말하자면 그녀는 이 두 가지 소망을 위
해서는 어떤 희생도 거부하지 않을 만큼 열정적이었다.

그녀는 정말 열심히 살았다. 대학을 졸업하고는 직장에 들어갔
는데, 남자 동료들이 놀랄 만큼 자기 일에 충실했다. 우리 나라 대
부분의 직장이 그렇듯이, 그녀도 여성으로서 여러 가지 한계에 부
딪혔지만 결코 거기서 물러나지 않았다.

두 번째 소망, 사랑할 수 있는 사람을 만난다는 소망이 이루어

졌을 때, 그녀는 또 자기의 개성과 인격을 여기에 다 바쳤다. 부모의 빗발치는 반대도 무릅쓰고 그녀는 사랑하는 사람과 결혼해 단칸방에 살림을 차린다는 소식이었다.

상식의 기준으로 보면 참으로 영리하지 못한 일을 한 셈이었다. 3류 예식장에서 하객도 별로 없는 쓸쓸한 결혼식, 그러나 그런 결혼식이었기에 그녀는 더욱 돋보이고, 강인한 용기의 화신처럼 보였을 것이다.

벌써 그녀의 나이 마흔이 넘었다. 이 세상에선 훌륭하다는 것이 결코 보상받을 만한 일은 아닌 것인지, 그녀의 남편은 그동안 아내 아닌 다른 여자를 사랑하게 되었고 자식까지 있는 형편에 이혼이란 말을 꺼내게끔 되었다.

이때 보여 준 그녀의 용단, 이것이야말로 그녀다운 것이었다. 그녀는 깨끗이 단념하기로 했다고 말했다. 이미 사랑은 자기한테서 멀리 달아나고 있는데 붙잡아 두는 건 너무나 부질없고 비굴한 일이라고 생각했기 때문이다. (문화방송 프로듀서)

25년 동안 정문을 지키며

김수용

체신부에 들어온 지도 벌써 25년, 천직으로 생각하는 문지기 생활을 줄곧 해오고 있지만 부끄럽다고 느껴 본 적은 한 번도 없다. 욕심 없이 주어진 일들을 그날그날 충실히 하는 재미로 한평생이 가버렸다고나 할까.

가끔 거울을 들여다보며 그런 대로 아내와 함께 별다른 실수 없이 살아온 내 인생의 한 길을 되새겨 볼 때마다 미소가 떠오른다. 더욱이 자식 복이 없어 딸 하나를 키우며 외롭게 지냈지만 이제는 그 딸이 장성해 시집가서 아들딸 낳고 잘사는 걸 보면 그저 대견스럽기만 하다.

돈도 모으지 못하고 출세도 못했지만 나는 오늘도 문을 지키고 있다. 아마도 불평을 모르는 알뜰한 아내가 있었기에 한평생을 외길로 살 수 있었는지 모른다.

남의 그늘에서 외길 25년을 한결같이 살아온 우리 가정에 또 하나의 영광은 대통령께서 나에게 홍조근정훈장을 목에 걸어 주고 가난하게만 살아온 아내에게 기념품을 주신 일이겠다. (체신부 총무관 근무)

불행과 행복

조연희

작년 8월의 일이다.

친구의 남편이 경부 고속도로의 버스 전복 사고로 중상을 입었다. 처음 신문 발표에는 사망자 명단에 낄 만큼 중상이어서 주위 사람들이 크게 놀랐다. 나는 친구 몇몇과 함께 꽃을 사 들고 병원으로 달려갔다.

8층까지 올라가는 엘리베이터 안에서 나는 다리에 기운이 빠질 정도로 불안하고 초조했다. 눈이 퉁퉁 붓도록 통곡을 하고 있거나 실신 상태에 빠져 있을 친구를 무슨 재주로 위로해 줘야 하는가 몰랐기 때문이다.

그러나 내 걱정은 병실 문을 여는 순간 깨끗이 사라졌다.

친구는 함박꽃 같은 웃음을 보이며 기운차게 달려나오는 게 아닌가.

"어머! 너희들 와줘서 고맙다. 아직은 의식 불명이지만, 죽은 사람이 살아 돌아온 거나 같아서 난 너무 기뻐. 생명을 건졌다는 그 사실에 그저 감사할 뿐이야."

친구의 음성은 기쁨으로 떨리고 있었다. 그러나 온몸이 시커멓

게 탄 채, 두 팔다리가 절단되어 누워 있는 환자의 뒤에서 난 흘러
나오는 눈물을 감출 수조차 없었다.

똑같은 불행을 당했어도 그 불행을 한탄하고 절망하는 사람이
있는가 하면, 더 큰 불행이 아님에 오히려 감사하는 사람이 있다.
절망의 고비를 즐겁게 넘길 수 있던 친구의 그 지혜는 내게 큰 교
훈이 되었다. (진명여고 교사)

할아버지와 꽃

전난수

"할아버지, 제가 심을까요?"

"아니, 얼마 안 남았는데 뭘."

아침부터 내리던 비가 점차 가는 빗줄기로 변했다. 라디오에서 흐르는 음악에 맞춰 콧노래를 부르다가 비가 좀 그친 것 같기에 2층으로 올라갔다.

난간에 기대어 아래를 내려다보니, 넓은 개천가에 할아버지 한 분이 쪼그리고 앉아 코스모스를 심고 계셨다.

내가 비닐 우산 하나를 받쳐 들고 대문을 나왔을 때는 거의 다 심고 벌써 얼마 남지 않았다. 그 할아버지를 도와 드리고 싶은 마음보다 이야기를 하고 싶은 마음에 나는 자신도 모르게 할아버지 옆에 나란히 앉아 우산을 받쳐 드렸다.

"할아버지, 이 꽃 어디서 얻으신 거예요?"

"이거, 저기 학교서."

내가 심겠다고 호미를 청하자 할아버지는 미소를 지으며 말씀하셨다.

"이건 늙은이가 심어야 잘살아."

그런 할아버지의 말씀은 젊은 사람을 꾸짖는 교훈처럼 들렸다.

"할아버지, 연세가 어떻게 되셨어요?"

"나? 여든이 훨씬 넘은 늙은이지."

난 물끄러미 할아버지의 손을 보았다. 울퉁불퉁 힘줄이 튀어나온 거친 손이 계속 꽃모를 다듬고 어루만져 흙을 제친 구덩이에 꽂고 있었다. (학생)

발견하는 행복

이태영

어떤 사람이 이 세상에서 온갖 향락을 누리다가 염라대왕 앞에 끌려갔더니 당장 지옥으로 보내라고 했다.

사자에게 이끌려 어느 텅 빈 곳간에 갇혔는데, 몇 달이 지나도 지옥으로 보내지 않는 것이었다. 어찌나 답답한지 지옥으로 보내려면 빨리 보내 달라고 고함을 쳤더니 옆방에서 누군가 소리쳤다.

"여기가 바로 지옥이야."

그렇다. 편안함이 바로 행복은 아니다. 역경도 고통도 없으면 그것이 행복일 것 같지만, 사실은 희로애락이 고루 있어야만 그 속에서 행복이 발견된다. (가정법률상담소 소장)

사과 한 알

이광해

휴가 기간이 끝났다. 버스 타는 데까지 바래다 주시던 아버지는 차비를 주지 못해 미안하다고 서운한 듯 말씀하셨다.

나는 군생활을 하면서 적은 월급에서 저금을 하였다. 전우들로부터 지독하다느니, 장가 밑천을 하려고 그런다느니, 그까짓 적은 돈을 저금해 뭘 하느냐는 등 핀잔을 받은 것도 한두 번이 아니지만 분수에 맞는 생활을 하자는 것이 나의 생활 신조다.

1년에 한 번 기대하던 휴가를 나오는 날, 우체국에서 저금한 돈을 찾아 동생들의 학용품과 늙으신 부모님 곁에 고기라도 사 갖고 가는 마음이란 얼마나 흐뭇한 일인지.

농촌에서 태어난 나는 늙으신 부모님이 고생으로 찌든 손으로 일하시는 모습을 볼 때마다 안쓰러운 마음이 들어 잘살아 보겠다고 혼자서 다짐을 하기도 한다. 어떤 친구들은 귀대하면 많은 돈을 집에서 가져왔다면서 자랑스러운 듯이 카페나 당구장 출입을 하지만, 내 딴엔 내가 아낀 돈으로 집에 다녀온 것이 자랑스럽다.

하지만 보내는 자식의 손에 돈 한 푼 쥐어 주지 못하시는 아버지의 마음은 자식의 마음보다 더 아프신 모양이었다. 아버지는 문득

호주머니에 손을 넣더니 빨갛게 익은 사과 한 알을 꺼내셨다. 그
것을 내 가방에 넣어 주시는 아버지의 얼굴을 다시 한 번 보면서
나는 고마운 미소를 지었다. 비록 한 알의 사과라지만 내겐 너무
도 귀한 선물이 아닐 수 없었다.

　아버지의 사랑이 담긴 사과 한 알. 버스 속에서 사과를 만져 볼
때마다 차창 밖의 높은 가을 하늘이 더 푸르게 느껴졌다. (군인)

잊어야 찾아지는 행복

장리욱

미국 독립 선언서에는 인간이 조물주께로부터 받은, 즉 어느 누구도 빼앗을 수 없는 세 가지 특권이 나와 있다. 생명과 자유와 행복을 추구할 수 있는 권리가 그것이다. 그러면서도 행복을 찾는 구체적 철학은 밝히지 않았다. 그 이후 미국의 역사는 개척, 모험, 근면, 투쟁 등의 낱말로 가득 차 있었고 행복이란 말은 좀처럼 쓰인 적이 없었다. 모든 국민은 행복에 대한 관념을 잊어버린 양 오직 주어진 일과 맡은 바 책임에 노력과 정열을 기울이며 살아왔다. 그러는 동안 어느새 행복이 따라왔던 것이다.

행복을 바라는 그 염원에서 탈피된 마음 자세를 갖고 오직 매일 매일 내가 해야 할 그 일에 최선을 다하며 살아가노라면 뜻밖에 찾아지는 것이 행복이다. (전 서울대 총장)

집배원의 하루

이동만

> 우리가 행하는 하루하루의 작은 일들이 우주의 전체적인 조화를 유지시키는 힘이다.
>
> -리시유의 성 데레사

6년째 접어든 집배원 생활입니다. 제가 담당하고 있는 부산시 서대신동 1가에는 아미동과 통하는 '까치 고개'가 있지요. 그곳에서 꼬부랑길을 따라 올라가면 '은하사'란 절이 있고, 그 절 위에는 '과분도리'라는 판잣집들이 덩그러니 모여 있습니다.

작년 크리스마스 새벽에는 산더미같이 밀려오는 연하장과 크리스마스 카드 때문에 코피를 흘려야 했습니다. 밥도 제대로 못 먹고 새벽같이 출근한 적도 많았고, 개가 두 다리를 물어뜯어 그 자리에 앉아 어린애처럼 운 적도 있습니다.

과분도리에는 보통 하나의 번지에 수십 수백 세대가 살기 때문에 통반이나 세대주 이름이 없는 '김자야' 식의 우편물을 배달하려면 이 골목 저 골목에서 소프라노로 성악 연습을 해야 합니다. 어느 누구도 대답해 주는 이 없을 때는 야속한 편지의 주인을 원망한 적이 한두 번이 아닙니다.

오전 아홉 시에 우체국을 출발 열두 시까지는 일단 우체국으로 돌아왔다가 국수 한 그릇을 들이키고 오후의 일과를 시작해야 하기 때문에 도장 받을 우편물이 많은 날에는 노루 새끼마냥 은하사 언덕을 마구 뛰어야 겨우 하루의 책임량을 다할 수 있지요.

하루는 시구청 뒷길을 돌아 바삐 걷고 있는데 누가 뒤에서 "아저씨!" 하면서 뛰어왔습니다. 나는 혹시 귀중한 편지라도 땅에 흘린 게 아닐까 조심스레 뒤를 돌아봤습니다.

그런데 뛰어온 한 꼬마 녀석이 말하는 것이었습니다.

"아저씨, 와 검은 옷 안 입었노?"

멍청히 내 옷을 훑어보니 5월부터 착용하는 하복 차림이었습니다. 내가 말했지요.

"꼬마야, 검은 옷은 인자 더워서 못 입는다. 그래 이 흰 옷을 입었다. 내일은 니가 좋아하는 옷을 입고 올게."

나는 그렇게 꼬마에게 설명하면서 가볍게 녀석의 엉덩이를 두들겨 주었습니다. 그리곤 다시 걸음을 재촉하면서 곰곰이 생각했습니다. 하잘것없는 집배원의 일거일동을 유심히 관찰하는 저 꼬마가 있는데 내가 왜 외롭겠는가. (부산시 부산우체국 근무)

속옷 없는 행복

작자 미상

옛날 어느 나라 왕이 중병을 앓고 있었다. 유명한 의사들을 다 불렀으나 별 효험을 보지 못했다. 그중에서 가장 용하다는 의사가 최후의 치료 처방을 냈다.

"이 세상에서 가장 행복한 사람의 속옷을 얻어 입으시면 병이 치료됩니다."

왕의 신하들은 사방으로 흩어져 세상에서 가장 행복한 사람을 찾기 시작했다. 그러나 아무리 돈이 많은 사람도, 학문이 높은 사람도, 잘생긴 사람도 자기가 행복한 사람이라고 생각하지 않았다.

별의별 사람을 다 만나 보았으나 헛탕을 치고 돌아오던 한 신하가 어느 산골 다 쓰러져 가는 오두막에서 살아가는 농사꾼 부부를 만났다. 그런데 그 부부는 자기들이야말로 세상에서 가장 행복한 사람들이라고 믿고 있었다.

신하는 허겁지겁 사정을 얘기하고 값은 달라는 대로 줄 테니 속옷을 달라고 부탁했다. 그러나 그 부부는 너무 가난해 여태까지 속옷을 입어 본 적이 없다는 것이었다.

풀잎에서 배운다

심우영

공설 운동장에 축구 경기를 보러 갔을 때였다. 열띤 전반전이 끝나자 나는 뜨거워진 머리도 식힐 겸해서 고개를 숙여 잠시 쉬려고 했다.

그 순간이었다. 운동장 스탠드 벽 바로 밑, 시멘트가 떨어져 나간 작은 틈새의 흙 속에 파란 풀잎 하나가 햇볕에 반짝이는 게 보였다.

이름 모를 그 풀잎을 대하는 순간 한 생각이 내 머리를 스쳤다.

'딱딱하고 거친 시멘트 바닥, 손가락 하나 겨우 들어갈 만한 틈 바구니에 어디서 날아온 작은 씨앗이 이렇듯 자리잡고 살아 있는 것일까.'

물과 영양분에 굶주리며 기껏 자라도 사람들의 무딘 발 아래 짓밟히는 운명. 하지만 그 작은 생명체는 푸른 생명력을 포기하지 않는다. (육군 대위)

군에서 지낸 차례

박승창

해마다 추석만 되면 떠오르는 추억이 있다. 벌써 16년 전 군복 무를 할 때였다.

추석 전날, 전우들은 초저녁부터 서성이며 떠오르는 달을 맞았다. 모두들 둥근 달의 모습에서 송편을 빚고 있을 어머니나 누이의 모습을 찾는 듯이 보였다.

그때 며칠 전에 배속되어 온 김이삼이란 이등병이 나를 찾아왔다. 내일 아침과 점심을 부대에서 먹지 않을 테니 쌀과 부식을 좀 달라고 애원하는 것이었다. 까닭을 말하지도 않고 침통한 표정을 짓는 게 석연치 않았다. 그때만 해도 간혹 탈영병이 생기던 때라 불길한 예감까지 들었다. 나는 까닭을 모르고는 줄 수 없다고 타일렀다.

강경한 내 태도에 김 이등병은 마침내 입을 열었다.

그는 어려서 부모를 다 잃었다고 했다. 입대하기 전에 충남 서산의 어느 집에서 일꾼으로 살면서도 명절이나 제삿날엔 잊지 않고 꼬박꼬박 제사를 지냈는데, 이번 추석에 차례를 지내지 못하면 부모님들이 얼마나 쓸쓸해 하시겠냐는 것이었다.

고향땅을 향해 밥이라도 한 그릇 올리고 싶다는 그의 말에 나는 코끝이 시큰해졌다. 이 얼마나 순박하고 감동적인 마음인가! 나는 쌀과 부식을 골고루 나눠 주고 지방까지 써주었다.

그날 밤 나는 고향에 계시는 부모님과 형제들 생각에 영 잠을 이루지 못했다. 부모님께 효도를 하지 못한 게 부끄럽기만 했다. (공주 장기초등학교 교사)

아버지의 유언

르네 과암

임종을 앞둔 늙은 아버지가 평생을 두고 속을 썩혀 온 아들 때문
에 괴로워하고 있었다. 그의 아들 마하는 불행히도 세 가지의 나
쁜 버릇을 가지고 있었다. 노름으로 세월을 보내고, 술로 건강을
해치며, 하루도 춤을 추지 않고는 못 사는 아들이었다. 아버지는
그의 아들을 한때는 내쫓기까지 했고, 어느 때는 눈물로 호소하기
도 했지만 아들의 못된 버릇은 고쳐지지 않았다.

그러다 보니 그렇게 많던 재산은 거의 탕진되고 집안 살림은 말
할 수 없이 궁해지고 말았다. 그러나 임종을 눈앞에 둔 아버지의
마음은 재산의 탕진보다 아들의 참회만을 바랄 뿐이었다. 아버지
는 남은 숨을 몰아 쉬면서 아들을 침대 옆으로 불렀다.

"이제 무슨 말로 널 타일러야 할지 모르겠구나! 세상에서 정말
미친 사람은 자신 있다고 믿는 사람이다. 너의 그 자신감이 얼마
나 큰 것인지 모르지만, 이제 마지막으로 너에게 오직 한 가지만
부탁하겠다. 네가 노름을 계속해야 한다면 말리진 않겠다. 그 대
신 최고의 노름꾼과 노름할 것을 약속해 다오. 그 다음, 술을 마시
고 싶거든 반드시 자정이 넘은 후에 술집에 들어가거라. 그리고

댄서들과 춤을 추고 싶거든 이른 새벽에 춤을 추러 가거라. 네가 이 말만 들어준다면 나는 편안히 죽을 수 있을 것 같다. 약속해 다오. 내 아들아, 이 정도의 부탁은 어렵지 않겠지."

아들 마하는 아버지의 이해심에 감동되어 그 정도의 말씀이라면 하나도 어려울 것이 없다고 생각하고 아버지의 두 손을 잡으며 엄숙하게 약속했다.

"걱정 마십시오, 아버지. 그 정도의 약속만큼은 반드시 지키겠습니다."

늙은 아버지는 안도의 숨을 쉬면서 눈을 감았다. 아버지를 잃은 그는 슬픔을 가누지 못한 채 석 달 동안은 근신하면서 조용히 지냈다. 그러나 슬픔은 그리 오래 가지 않았다. 얼마 안 가서 그는 아버지가 마지막으로 남겨 준 묵직한 돈주머니를 만지면서 노름집을 찾아갔다.

이상한 흥분마저 느끼면서 그는 가장 노름을 잘하는 사람을 찾았다. 마침 그때 누군가 세상에서 가장 노름을 잘한다는 사람을 소개해 주었다. 순간 그는 깜짝 놀랐다. 노름왕의 행색이 말이 아니었다. 발가락이 나오는 다 떨어진 구두에 옷이라고는 누더기를 걸쳤으며, 퀭한 눈에 등은 굽어 폐병 환자처럼 기침을 하고 있었다.

그를 둘러싸고 한창 노름에 열중하고 있는 얼굴들을 하나하나 둘러본 마하는 더욱 놀랐다. 저마다 원한과 복수에 차 있고, 범죄와 절망, 탐욕과 자살 직전의 비통스런 얼굴들이었다. 모두가 마치 죽음의 쇠사슬을 잡아당기고 있는 것 같았다.

더 이상 그곳에 머물 용기를 잃고 마하는 말없이 노름집을 빠져 나왔다.

그러나 술은 자기를 즐겁게 해주리라 믿고 자정이 가까워지도록 기다리다 어느 술집 문을 두드렸다. 술집에 들어서자 우선 그는 숨을 쉴 수가 없었다. 앞이 안 보이는 담배 연기 속에서 정신을 잃은 사람들이 여기저기 굴러 다니고, 빈 병을 가슴에 안고 소리지르는 부랑자, 술을 내놓으라고 칼을 들이대는 알코올 중독자들…. 도무지 사람의 형상들이 아니었다.

카운터에는 아무도 없었다. 주인을 소리쳐 부르니 창문으로 머리만 내밀고 귀찮은 표정으로 뭘 원하느냐고 물었다. 마하는 구토증을 느끼면서, 여기 이 사람들 뭣하는 사람들이냐고 물었다. 술집 주인이 소리쳤다.

"그 사람들 죽을 때까지 우리 집에 술 마시러 오는 환자들이오."

그리고는 문을 닫아 버렸다. 마하는 방금 본 알코올 중독자들이 쫓아올 것 같아 숨이 차도록 그곳을 뛰어나왔다. 술이 인생을 그렇게 망칠 수 있을까 생각하면서….

어두운 밤거리를 헤매다가 마하는 자신을 기쁘게 맞이해 줄 댄서를 만나기 위해 새벽이 오기를 기다렸다.

카페 문이 열리자마자 그는 평소에 잘 아는 아름다운 댄서, 하바바의 방문을 두드렸다. 자정이 넘어 피곤하게 잠들었다 깬 여인의 모습은 거짓말같이 딴 사람처럼 보였다. 주름투성이, 진한 화장을 지우지 않은 채 잠이 들었는지 기름이 흐르는 얼굴에 머리카락은 마귀 할머니 같고 핏기 하나 없는 해골 같은 몸은 금방 쓰러질 듯했다.

그러면서도 하바바는 이른 아침 찾아온 손님을 반기면서 무얼 원하느냐고 물었다. 술잔을 통해서 그녀를 아름답게만 보던 청년의 마음은 차갑게 식어 버렸다. 잘 있으라는 인사도 못하고 마하는 하바바의 집을 나왔다.

　천천히 집으로 오면서 그는 처음으로 어떤 해방과 자유를 찾은 심정이었다. (성옥련 옮김)

이력서와 연애 편지

강오전

내가 일본에 유학하고 있던 시절의 얘기다. 대학을 졸업하던
해, 한 친구가 연애를 하기 시작했다고 고백했다. 그 친구는 약간
덤벙거리는 성격의 소유자였는데, 바닷가에서 우연히 만난 한 여
인에게 아주 홀딱 반해 버렸다는 것이었다.

그 친구는 연애 편지를 써야겠는데 어떻게 쓰면 좋을지 모르겠
다면서 마치 열병에라도 걸린 것처럼 끙끙 앓고 있었다.

몇 장씩이나 종이를 버려 가면서 친구는 마침내 편지 한 장을 완
성했다. 완성된 편지를 무슨 보물이나 만지듯 하며 조심스럽게 보
여 주는데, 그 내용이 감미로운 미사여구의 행진이겠거니 여긴 나
의 상상과는 전혀 딴판이었다.

〈…저는 지금 대학 졸업반입니다. 졸업만 하면 곧 훌륭한 회사
에 취직하여 성실한 모범 사원이 되겠습니다. 당신과 결혼해 행복
하고 평화로운 가정을 이루는 것만이 저의 꿈입니다. 믿어 주십시
오….〉

그런데 그 친구 어떻게나 열에 들떠 덤벙댔던지 연애 편지를 봉
투에 넣는다는 것이 그만 이력서와 바꿔 넣고 말았다. 다시 말하

면 '훌륭한 회사'의 사장에겐 연애 편지를 보낸 셈이 되었고, 연인에게는 이력서를 보낸 셈이 된 것이다.

물론 그 친구는 자기가 한 일을 알 턱이 없었다.

그러나 세상일이란 참 이상한 것이어서 의외로 이 잘못 보내어진 편지들이 그에게 더없는 행운을 불러 왔다. 즉, 이력서를 받아 본 연인과 그녀의 아버지는 이만한 신원이면 신랑감으로 충분하다는 평가를 내렸고, 한편 그 연애 편지의 굳센 모범 사원에의 결심과 정열을 읽은 회사 사장은 이만하면 사원감으로 충분하다는 결론을 내렸기 때문이다.

그로부터 2년 후 그들은 결국 결혼하게 되었고, 술까지 끊은 그는 얼마 지나지 않아 그 회사에 없어서는 안될 모범 사원이 되었다.

그리고 지금에 와서는 일본에서도 손꼽히는 기업가로 성장해 최근에는 그들이 처음 만났던 바닷가에 별장을 지었다는 소식이 오기도 했다. (성균관대 통계학과 교수)

마지막 대화

정태현

10년이면 5년은 징역살이를 해야 된다는 직업이니 나도 어느덧 4년째 징역을 살고 있는 교도관이다.

갖은 흉악범들과 나는 친구가 되어야 했고, 때로는 길잡이로 또는 그들을 보살펴 주는 부모의 역할까지도 해야 했다. 사회로부터 이단시되는 범죄자들을 교화하고 갱생시켜 새 사람으로 만드는 것이 내 천직이고 보니 그들과 일생을 같이할 각오는 선 지 이미 오래다.

푸르름이 짙어진 7월 어느 오후, 사무실 문을 열고 들어서는 사람이 있었다. 살인죄로 사형이 확정된 사형수였다. 내연의 여자 때문에 본처와 어린 자식을 살해하고 철창 신세를 지게 된 그는, 아직 철이 덜 들었다 싶을 정도로 어떤 면에선 순수하고 격정적인 성격을 가진 젊은이였다.

가끔 찾아오는 어머니를 볼 때면 자기가 왜 그런 짓을 했는지 모르겠다고 울부짖으며 어머니의 손을 잡고 용서를 빌기도 했다. 사형이 확정되던 날부터 그는 심한 감정의 흔들림 속에서 동료와 다투기 일쑤였고 나와도 곧잘 입씨름을 벌여서 교도소의 소문난 말

썽꾼이기도 했다.

그런 그가 지금, 먹을 것을 한 아름 안고 나를 찾아온 것이다.

어머니가 면회를 왔었다면서 그는 먹을 것을 내 앞에 펼쳐 놓았다.

"주임님, 죄송합니다. 늘 괴롭혀만 드려서…. 이제 우리 함께 있을 동안만이라도 친하게 지냅시다."

나는 그의 진지하고도 솔직한 접근을 전에 없는 반가움으로 대했다. 얼마 동안 가벼운 인사말을 주고받다가 그가 조용히 입을 열었다.

"전들 어찌 죽음의 두려움 앞에서 태연할 수 있겠습니까. 밤마다 살고 싶다는 생각 때문에 미칠 지경입니다. 그런데 오늘 어머니 말씀을 듣고는 죽더라도 참된 인간의 정신으로 죽어야겠다는 생각이 들었습니다. '죄가 미운 것이지 사람이 미운 것이 아니라잖니. 죄는 누구나 짓고 사는 법. 너는 다만 그 죄를 과하게 지었을 뿐이야. 얼마 남지 않은 시간 동안 너를 만나는 모든 사람들에게 네가 악한 사람이 아니라는 걸 알려 줘야 한다. 그래서 남들이 너를 용서하게 될 때, 너와 함께 있는 사람들도 죄가 밉지 사람이 미운 것이 아니라는 걸 깨닫고 사회에 나올 것이다. 그렇게 된다면 난 너를 웃으며 보낼 수가 있다'라고 어머니가 말씀하셨습니다."

나는 눈물이 고인 그의 두 눈을 응시했다. 맑았다. 맑은 눈을 가진 그의 평화로운 얼굴에서 갑자기 나는 새로운 생명이 탄생하는 듯한 느낌을 받았다. 그 순간이 내가 그를 착한 사람이라고 느낀 처음이자, 그와 대화할 수 있었던 이승에서의 마지막 만남이었다.

(인천 소년교도소 보안과)

꽃집 소녀

김주동

얼마 전 일이다.

교통 사고로 입원한 친구가 있어 퇴근길에 문병을 가면서 잠시 꽃가게에 들러 꽃 한 다발을 산 적이 있다. 그때 나는 일상 생활에서 흔히 지나쳐 버리기 쉬운 소중한 경험을 하게 되었다.

내가 꽃가게 문을 열고 들어섰을 때 꽃가게 일을 보는 소녀가 무슨 일인지 손님이 들어서는 줄도 모르고 고개를 떨군 채 어깨를 들먹이며 울고 있었다.

나는 그냥 다시 나갈까 하다가 근처에 다른 꽃가게가 있는지, 또 어디에 있는지 알 수도 없어서 소녀를 불렀다.

"아가씨, 나 꽃 좀 사려고 왔는데….''

그러자 소녀는 고개를 들고 손등으로 눈물을 닦으면서 나를 맞이했다.

그때 그 소녀의 얼굴을 본 순간 나는 오랫동안 잠자고 있던 나의 어떤 감정이 한 자락 꿈틀 하고 깨어나는 것을 느꼈다. 소녀가 웃으며 내게 말했다.

"손님, 죄송합니다.''

울었던 탓에 눈물 젖은 두 뺨을 손등으로 닦아 내자 거기에 맑은 웃음이, 꽃보다 더 아름다운 웃음이 피어난 것이다.

소녀를 눈물 젖게 하고 어깨를 들먹이면서 울게 한 일이 어떤 일인지는 몰라도 찾아온 손님을 웃음 띤 얼굴로 맞이할 수 있는 그녀의 고운 마음씨가 내게는 여간 감사한 것이 아니었다.

소녀가, 내가 가리킨 노오란 프리지어꽃 한 다발을 내려 가위로 밑동을 잘라 다듬고 흰 종이로 싸고 있는 모습을 곁에서 지켜보면서 나는 그녀가 사랑하는 사람과 오래 떨어져 있어야 하거나 헤어지게 되어서 울고 있었을까, 아니면 내 경우처럼 가까운 사람이 교통 사고나 병으로 입원을 한 것일까, 하는 생각을 하였다.

소녀가 건네주는 꽃다발을 들고 꽃가게 문을 나서다 말고 나는 이 궁금증을 떨쳐 내지 못하고 기어이 소녀에게 묻고 말았다.

"아가씨, 아까는 왜 울었죠?"

그러자 소녀는 잠시 망설이는 듯싶더니 화분들 사이에 걸려 있는 빈 새조롱을 눈으로 가리켰다.

"오늘 오후에 저기 살던 십자매 한 쌍이 죽었어요." (한국화장품 선전개발부장)

3
시련을 딛고

노동의 손

김광인

초등학교를 막 졸업하고 중학교에 가야 할 무렵, 집안 사정 때문에 나는 진학을 포기해야만 했다. 집안 살림이 너무 쪼들려서 열세 살이라는 어린 나이에 직업 전선에 나서지 않을 수 없었다.

처음으로 시작한 것이 충무로 모 이발관에서 구두를 닦는 일이었다. 서툴기 그지없었다. 몇 켤레도 안 닦았는데 손은 시커먼 구두약으로 뒤범벅이 되었다.

바로 그날, 손님들 중에서 아는 사람을 만났다. 옆집에 사는 아저씨였다.

"아니, 너 광인이 아니냐? 네가 이게 웬일이냐?"

나는 그만 눈물이 왈칵 쏟아졌다. 아저씨는 모든 것을 다 알겠다는 듯 말씀하셨다.

"울지 마라, 광인아! 나는 보들보들하게 고운 손보다 이렇게 시커먼 손이 더 좋다."

그러면서 내 두 손을 꼭 잡아 주셨다. 그후로 지금까지 나는 어떤 일에 낙담을 할 때마다 그 말을 생각하고 더욱더 노동을 사랑하게 되었다. (삼아상사 근무)

일찍 자고 일찍 일어나기

안정주

엄청난 불행을 당한 어느 외국인의 수기 중에 다음과 같은 이야기가 있다. 그는 두 딸과 아내와 함께 살았는데, 작은딸은 괴한에게 살해당하고, 큰딸은 폐렴으로, 그리고 아내는 암으로 세상을 떠났다. 게다가 이 가족의 불행한 죽음이 거의 동시에 일어난 것이다.

그러나 가족을 전부 잃은 그였지만 살아야 했다. 그 큰 상처를 어떻게든 회복해야만 했다. 그래서 그는 우선 가족과 살던 아파트를 청산하고 다른 도시로 이사를 하는 방법부터 실천했다. 또 새로운 일을 시작하고, 새로운 문제를 만들어 내서 몰두하려고 애썼으며, '일찍 자고 일찍 일어나기'를 철저히 지켰더니 어느덧 새 생활을 힘차게 하게 되었을 뿐 아니라 건강도 회복했다는 것이다. (주부)

인간으로 가는 길

송신남

> 당신은 자신이 언제 어떻게 죽을 것인가를 선택할 수 없다. 당신이
> 선택할 수 있는 것은 어떻게 살 것인가 하는 것이다.
>
> ―존 바에즈

1966년 월남, '맹호 5호 작전'에 나는 통신병으로 참전했다. 하늘이 보이지 않는 밀림 속에서 벌어지는 치열한 전투였다. 적탄에 하나둘 쓰러지는 전우들. 중대장은 분노의 울음을 엉엉 울면서 전투 지휘를 하고 있었다.

밀림에서는 전파 방해를 심하게 받기 때문에 나는 무전기의 안테나를 한껏 올리고 중대장의 뒤에 바짝 붙어 기고 있었다.

그때, 갑자기 세상이 빙글 돈다 싶더니 나는 그대로 의식을 잃고 말았다. 잠깐 의식이 들었을 때는 헬리콥터에 실려 후송되고 있는 중이었다. 적탄이 내 목을 관통한 것이다.

1년 동안의 병원 생활은 공포와 절망의 시간이었다. 사람들은 살아난 것만도 기적이라고 했지만 가슴 아래로는 아무 감각을 느끼지 못하는 마비 상태, 평생 '휠체어'를 차고 지내야만 하는 척추

장애자가 된 것이었다.

그런 중에서도 간신히 감각이 돌아와 정상적으로 움직일 수 있게 된 두 팔로 처음에 나는 자살을 기도했다. 평생 남에게 폐나 끼치며 살 바엔 차라리 지금 죽는 게 낫다는 생각에서였다. 그러나 뜨거운 마음으로 나를 보살피는 부모, 누나, 의사, 간호사, 사회단체 여러분들의 감시 아래서 그 생각은 사라지고 점차 두 팔은 하느님께 기도하는 데 쓰여졌다.

광주 후송 병원에서 제대를 하자 나는 원호 병원으로 옮겨졌다. 이곳에서 나는 처음으로 척추 장애의 불구자가 나 하나만이 아님을 알았다. 한숨만 쉬며 가만히 누워 있으면 소화 불량, 근육 이완 등으로 수명이 짧아진다며 의사의 권유에 따라 물리 치료실에서 근육 활동을 열심히 하는 신체 장애자들을 보고 있으려니 가슴이 뭉클해지며 삶의 의욕도 생겼다.

이곳에서 나는, 6.25 때 간호사로 참전했다가 부상을 당해 척추 장애인이 된 조금인 여사가 세계 척추 장애인 올림픽의 탁구 부문에서 금메달을 받았다는 소식을 듣고 놀라움을 금할 수 없었다. 또한 전국 척추 장애인 체육 대회를 보러 갔다가 성한 사람들 이상으로 밝은 표정으로 휠체어를 이리 밀고 저리 밀며 경기에 열중하는 선배들의 모습을 보고 인간의 내면 깊이 숨겨져 있는 강인한 생명력을 느끼게 되었다.

'나도 할 수 있다.'

전에는 전혀 쓸모 없어 보이던 내 두 팔을 내려다보며 나는 그렇게 생각했다.

이때부터 나는 탁구에 내 생명의 모두를 바치기 시작했다. 새벽 다섯 시에 일어나 병원 안의 탁구장으로 가서 탁구 코치인 한 대학생을 상대로 탁구 채를 휘둘렀다. 운동이 심한 날은 열이 몹시 올라 의사가 만류했으나 간호사에게 한 번만 눈감아 달라고 애원하고는 탁구장으로 향하기도 했다.

다음해 체육 대회에서 뜻밖에도 나는 탁구에서 1등을 차지하는 영광을 누렸다. 부상 이후 무엇엔가 자신을 가져 본 것은 이때가 처음이었다.

원호 병원에서 퇴원하던 날 원장 선생님이 선물로 탁구대를 주셨다. 원호처에서 마련해 준 지금의 집 마당에 그 탁구대가 놓이고 나의 하루는 탁구로 시작해 탁구로 끝났다. 가볍게 이리저리 튀는 흰 탁구공은 마치 내 자신의 혼백처럼 여겨졌다.

나는 작년 런던에서 열린 세계 척추 장애인 체육 대회에서 금메달을 받았다. 그리고 금년에는 하이델베르크에서 열린 척추 장애인 올림픽에서도 8개국 선수들을 물리치고 금메달을 받았다. 금메달을 받으면서 나는, 남의 도움만 받다가 이렇게나마 보답을 할 수 있게 된 것에 대해 신에게 감사드렸다. 그러면서 나도 역시 한 사람의 인간이어야 한다고 나 스스로에게 다짐했다. (제21회 세계 척추 장애인 올림픽 탁구 부문 금메달 수상자)

작은 별

김경숙

"안녕하셨어요, 유 소령님?"

누운 채 손을 내밀어 때늦은 카드며 선물을 받아드는 유 소령님의 눈에는 그렇게 봐서 그런지 쓸쓸함이 스쳤다.

내가 유 소령님을 처음 만난 것은 작년 2월 중순경, 군 계통 병원 근무를 하게 된 지 한 달도 못돼서였다. 토요일 오후, 일직인 나는 병실을 차례로 돌고 있었다. 정형외과 D동 장교실에 들어섰을 때 경환자들이 모두 주말 외출을 나가고 6인용 방에는 그분 혼자 계셨다. 장교실이라야 커튼을 하나 사이에 두고 외출이 금지된 사병 오륙십 명과 격리되어 있는 곳이지만, 커튼과 계급이 주는 단절이란 대단했다.

나는 방에 들어서면서 멈칫했다. 환자의 인상이 놀랄 만큼 날카로웠다. 나는 조심스럽게 측정을 마치고는 뒤도 안 돌아보고 나왔다. 손에선 땀이 다 났다. 오랜 병상 생활을 한 환자들은 이유 없이 신경질을 내게 마련인데 아무 잔소리를 안 듣고 나온 게 다행이다 싶었다.

'소령 유호철. 우측골 및 좌대퇴 복합 골절.'

몇 달 후인 5월, 나는 바로 그 정형외과 D병동으로 배치되었다. 순간 까다로울 그 소령의 얼굴이 떠올랐다.

D동 근무 사흘 뒤, 엄 중위란 해군 장교가 양쪽 다리 골절로 급히 후송되어 왔다. 골절 환자는 특히 고통이 심하므로 조심스럽게 처치를 하고 나오려는데 유 소령님이 나를 불렀다.

'이크, 드디어 신경질이 터지나 보다.'

잔뜩 각오를 했더니, 뜻밖에 엄 중위를 잘 보살펴 줘서 고맙다는 인사와 잘 부탁한다는 당부였다. 나는 차츰 그를 관찰하기 시작했다. 겉보기와는 달리 온화한 성품이었다.

1970년 6월, 육사 출신으로 최전방에 근무하던 그는 무장 공비와의 접전 끝에 양쪽 대퇴와 측골에 탄환이 다섯 발이나 관통하는 중상을 입었다. 몇 차례 수술로 총알이 박힌 다리의 뼈를 3센티미터씩 잘라 내고 다행히 다리를 절단하는 불행은 면했지만 가슴까지 석고 붕대를 하고 누워 있어야만 했다.

몇 달에 한 번씩 수술 결과를 보기 위해 잠깐씩 석고 붕대를 뗄 때 이외에는 식사는 물론 세수 등 모든 일을 누워서 치러야 했다. 몸을 뒤척일 수 없는 건 말할 나위도 없고, 수술 부위의 통증 또한 대단했다. 매일 몇 차례씩 맞는 항생제에다. 링거액은 바늘을 뺄 새도 없이 병만 바꿨다. 새벽 네 시에 바늘을 꽂아 이튿날 새벽 한 시에서 두 시 사이에 빼니 자유로운 한쪽 팔마저 움직이지 못하는 것이다. 곁에서 보다 못한 사람들이 똑똑똑 떨어지지는 포도당액을 더 빨리 떨어지게 해놓으면 유 소령님은 벌컥 화를 냈다.

"포도당이란 몸 안에 필요한 농도가 넘으면 배설되지 않는가. 잠깐 편하자고 빨리 맞아 그냥 내보내면 내 고생의 보람이 뭐겠

나?"

이렇게 심한 고통을 겪으면서도 그는 좌절감에 빠진 다른 환자들을 격려하는 일을 게을리하지 않았다. 누워 있는 환자에게 여름은 특히 괴로웠다. 찌는 듯 더운 저녁 나절이면 나는 유 소령님의 침대를 밀고 베란다로 나가 음악을 듣곤 했다.

"미스 김은 내게 어느 별을 주겠어?"

"물론 가장 크고 밝은 별을 드려야죠. 저기 저거요."

"아니, 나는 그 옆의 조그만 별을 늘 보아 왔어. 그게 나야. 너무 작고 희미해서 잘 안 보이지만 개인 날이나 흐린 날이나 늘 그렇게 잠깐 보이다가 사라지고, 어느새 또 나타나 깜박이거든."

침대에 누운 채 밤 하늘의 별을 헤며 독백 같은 말을 하는 그의 곁에서 나는 말을 잃고 있었다.

그가 입원한 지 만 3년이 되던 6월 29일, 나는 꽃을 한 묶음 사들고 그의 병실로 들어갔다.

"어머나, 아무도 안 왔어요? 오늘이 기념일이잖아요."

"누가 남의 불행을 오래 기억해 주겠어?"

그날만은 그도 언짢은지 평소와는 다른 기색이었다.

"그럼 저라도 축하해 드릴게요."

나는 뒤에 숨겼던 꽃다발을 내밀며 애써 명랑하게 말을 꺼냈지만 눈물이 쏟아지는 것을 막을 길이 없었다.

이제 나는 그곳을 떠났다. 그 무섭게 덥던 여름, 공연히 울적했던 가을도 지나고, 크리스마스며 설날도 차례로 지났다. 명절때마다 쾌활한 친구들에게 에워싸여 떠들썩하게 웃다가도 문득 유 소령님의 담담한 얼굴이 떠올랐다.

그래서 흰 눈이 온누리를 덮은 오늘, 난 갑자기 그의 병실을 찾아 달려온 것이다. 그동안 다소 차도가 보여 휠체어를 타고 물리치료를 받다가 병이 재발하여 수술을 기다린다는 유 소령님. 난 펑펑 쏟아지는 흰 눈을 바라보며 부디 유 소령님이 석고 붕대를 떼고 일어나, 강인한 인내력의 승리를 외칠 날이 빨리 오기를 빌고 또 빌었다. (간호사)

가난을 이기고 난 선수들

서영무

시합 종료를 알리는 사이렌이 길게 울렸다. 1971년도 제26회 청룡기 야구 대회에서 그 당시 내가 맡고 있던 경북고가 난적 경남고를 물리치고 감격의 우승을 차지한 순간이다. 기쁨에 울먹이며 나를 헹가래치는 선수들. 나도 기쁨에 마냥 들떠 있었다. 그런데 한쪽 구석에서 들려 오는 어머니와 아들의 대화가 내 가슴을 찡하게 만들었다.

"발아, 발아, 니는 와 딴 사람보다 땀을 그리 많이 흘리노?"

우리 팀의 4번이고 우승의 공로자인 정현발 선수 어머니의 울먹이는 목소리였다. 현발이가 야구부에 모습을 처음 나타냈을 때 나는 녀석을 어느 부잣집 아들로 알았다. 그만큼 녀석의 복장이나 태도가 당당했으며 귀공자 티가 났다. 훗날 녀석이, 대구 방적 공장에서 흩어진 실을 고르고 청소를 하는 홀어머니와 함께 어렵게 살고 있다는 이야기를 들었을 때, 나는 녀석의 그 당당한 모습이 껴안아 주고 싶을 정도로 대견스러웠다.

"현발아, 저녁 먹으러 가자. 내 오늘 한턱낼게."

현발이의 어려운 처지를 아는 선배들이 녀석을 가끔 저녁에 초대했다. 그러면 녀석은 꼭 묻곤 했다.

"내 혼잡니꺼? 아니몬 우리 야구 부원 모두 다 갑니꺼?"

"니 혼자 가자."

"그라몬 내 안 갈랍니더."

나는 속으로 감탄하곤 했다.

'아하, 녀석은 됐다. 뜻이 있는 놈이다.'

청룡기 야구 대회 결승 경기가 있던 날, 녀석의 어머니는 동료 어머니들의 도움으로 생전 처음 서울 운동장 스탠드에 앉게 되었다. 야구에 대해 전혀 모르는 어머니는 운집한 3만의 관중, 휘황한 야간 조명등, 그 아래에서 뛰고 있는 아들이 대견스럽기만 했다. 현발이가 삼진 아웃을 당해도 "우리 발이 잘한다"며 박수치기에 바빴다.

그러나 차츰 어머니는 마음속 한 구석이 아파 오는 것을 느꼈다. 경기가 진행됨에 따라 선수들 모두 땀에 흠뻑 젖었는데 어머니 눈에는 현발이가 잘 먹지 못해서 남들보다 유난히 땀을 많이 흘리는 것처럼 느껴졌다. 그래서 경기가 끝날 때까지 줄곧 그런 안타까움에 젖어 있었다. 이런 어머니의 안타까움을 현발이는 단 한마디 대답으로 풀어 버렸다.

"이거예, 이건 땀이 아니라예. 아까 쉬는 참에 더워서 물을 끼얹은 거라예."

이런 현발이와 함께 최근에 내가 지도한 어떤 선수의 모습이 떠오른다. 녀석도 무척이나 가난했다. 아버지는 일흔 살 고령으로 병석에 누워 계시고 어머니는 도로 공사장에서 자갈 붓는 인부셨다.

내가 서울고에 처음 부임하던 날 생계를 돕기 위해 야구를 그만 두겠다고 찾아온 녀석에게 나는 말했다.

"야구에 흥미가 없으면 그만둬도 좋다. 그러나 생계 때문이라면 네가 좋아하고 소질 있는 것에 더욱더 열심이어야 한다고 믿는다. 비록 당장 손 안에 무엇이 잡히지 않더라도 말이다."

일단 결심이 선 뒤 녀석의 노력은 눈물겨웠다. 새벽 한두 시, 말 뚝에 박아 놓은 타이어 치는 소리에 잠을 깬 동네 사람들이 마구 항의를 할 정도였다. 지금도 녀석의 손바닥을 생각하면 눈물이 난다. 온통 흠집이 생기고 못이 박혀서, 여자들이 보면 무섭다고 도 망갈 정도였다. 작년에 졸업을 하고 지금은 한양대 3루수로 활약 하는 이승회 군. 그의 노력이 열매 맺을 날을 기대해 본다. (서울고 야구 감독)

잊혀지지 않는 사연

임국희

〈여름입니다. 라디오에서 곳곳의 홍수 소식을 들으며 나는 지난 여름의 내 아픈 기억에 잠깁니다. 중매로 만난 우리 부부는 꿈 같은 신혼 생활을 하고 있었습니다. 그러나 행복은 오래가지 않았습니다. 마을에 홍수가 닥친 것입니다. 사정없이 덤벼드는 수마에 인간은 무력했고 우리는 모든 것을 빼앗겼습니다.

탁류에 어떤 아이가 떠내려가는 것을 발견한 그이가 불룩한 내 배를 흘긋 쳐다보는가 했더니, 이내 물 속으로 뛰어든 것입니다. 아이는 구했으나 남편은 그 이튿날 나뭇가지에 걸린 채 시체로 발견되었습니다. 나는 얼마나 울었는지 모릅니다.

그러나 울고 지낼 수만은 없었습니다. 일어서야 했습니다. 남편이 구해 놓고 간 그 아이 성훈이는 홍수에 부모를 잃었습니다. 나는 성훈이를 데리고 친정이 있는 이곳으로 이사를 왔습니다.

지금 나는 마음의 평정을 되찾았고 그이가 남기고 간 아이와, 나를 친엄마처럼 따르는 성훈이와 함께 행복하게 살고 있습니다. 나와 같은 불행이 다른 사람에게는 없기를 기도합니다. 봉투 색깔이 예쁘죠? 우리 성훈이가 색칠해 준 거예요.〉

이 편지는 지난 여름 장마철에 내게 온 편지 가운데 하나다. 나는 하루에 1천 5백 통에서 2천 통의 편지를 받는다. 오늘 이 땅에 살아가는 사람들이 겪는 모든 행복과 불행의 사연이 그 속에 담겨 있다. 그중에서도 특히 잊혀지지 않는 사연이 있어 여기에 소개한 것이다. (MBC 아나운서)

조약돌 하나라도

임옥숙

저는 햇수로 7년째 투병 생활중인 스물다섯의 여자입니다. 뭐라고 마땅히 이름붙일 것이 없어서 '투병 생활'이라고 억지로 끌어다 붙이기는 했지만 그것은 사치스런 이름이고, 사실 제 몸에서 정상인 신체 기관은 눈과 귀뿐입니다.

사고 때 뇌신경을 건드린 까닭에 언어 장애가 와서 의사 표시도 제대로 못하고, 그 밖에도 여러 가지 신체적 이상이 찾아왔습니다.

사고 직후에는 안면 근육은 물론 전신이 마비되어 약 한 달 간 눈을 못 뜨고 누워만 있었습니다. 의식도 없는데 두 팔로 허공을 부여잡고 몸이 자꾸 치솟아 간호원이 두 다리를 꽉 누르고 있었지요. 언니의 등에 업혀서 퇴원을 했으나 저를 간호할 사람이 문제였습니다.

저는 식물 인간을 간신히 면했을 뿐 걷지도 말하지도 못했으니, 누군가 시중을 들어 줘야만 했습니다. 그러나 부모님은 장사하시느라, 언니는 회사에, 동생은 학교에 다니느라 제 곁에서 간호할 사람이 없었습니다.

하루 이틀 사이에 나을 병이 아니니 그것이 문제였지요.

궁여지책으로 분가해 사는 올케가 연년생의 젖먹이 조카 둘을 데리고 출퇴근을 하면서 저의 병 수발을 했습니다.

약 1년 후 걸음이 갓난아기 걸음마 정도가 되어 저 혼자 집을 지키게 되었을 때, 저는 사람들이 무서워서 나만의 성을 두텁게 쌓고 그 안으로만 숨어 들어갔습니다.

오랫동안 가족들 외의 남들하고는 접촉이 없는 밀폐된 생활을 해온 탓이기도 했지만, 그보다 제겐 여러 사람들과 쉬이 어울릴 수 없는 신체적인 결함이 있었기 때문입니다.

더구나 저는 매우 세심하고 상처 받기 쉬운 성격이어서 더 더욱 그러했지요. 사람들의 경멸하는 눈초리가 두려워서 저 스스로 달팽이처럼 내부의 세계로만 침잠해 갔습니다. 그리고 그때부터 저는 죽음을 생각했지요. 가족들이 자신의 생활 무대로 떠나 버린 텅빈 방에 남아서 저는 온종일 죽음만을 생각했습니다.

죽음의 천사—그렇습니다. 죽음을 천사에 비유하듯이, 그때의 내겐 죽음이 천사처럼 여겼습니다. 발전도 희망도 없는 이 삶에서 탈출할 길은 그것뿐이라고 생각했지요.

해질녘 강둑을 방황하다가 터덜터덜 집으로 맥없는 발길을 돌리기도 했고, 남의 눈에 띄어 슬그머니 도망치듯 집으로 돌아온 것 또한 몇 번인지 헤아릴 수가 없었습니다.

수없이 죽음의 시도를 꾀했으나 실패한 뒤의 어느 날 밤 저는 짤막한 내용의 유서를 남기고는 몰래 집을 나갔습니다.

〈먼저 가는 불효 자식을 부디 용서해 주세요. 이것이 저의 마지막 효도입니다.〉

차가운 빗방울이 이마를 때리고 지나갔습니다. 정신없이 걷던 발길을 멈추고 칠흙같이 어두운 강변에 혼자 서 있었습니다. 강변은 무덤같이 조용했습니다. 마주 보이는 강 건너 마을의 아파트 창문마다에서 흘러나오는 불빛만이 조용히 강을 건너오고 있었을 뿐….

자갈을 밟는 내 발자국 소리가 어둠 속을 공허하게 울리고는 사라져 갔습니다. 발 밑으로 찰랑거리는 물결이 지나갈 때, 저는 하늘에 무수히 박혀 꽃같이 빛나는 별들을 우러러보며 마지막 기도를 했지요.

"하느님, 이 가여운 영혼을 받아 주세요."

이상한 일이었습니다. 기도를 하고 나니 마음이 아주 편안해졌습니다. 동시에 죽는다는 일도 별것 아니구나 하는 생각이, 곧 이어서 이대로 죽기는 너무나 허망하고 억울하다는 생각이 강하게 들었습니다.

아무 쓸모 없는 사람일망정 그래도 만물의 영장이라는 인간으로 태어나서 이렇게 허망하게 죽을 수는 없지 않느냐고 자문자답했습니다.

그래, 좀더 살다가 죽자. 좀더 살다가 "그동안 열심히 살다 이제 하느님께로 돌아갑니다" 하고 떳떳이 말할 수 있을 때까지 열심히 살아 보자!

그때부터 두 평 남짓한 셋방에서 지겨운 병마와의 전투가 시작되었습니다. 기어코 승리하고 말리라고 전 결심했습니다. 인간의 의지는 무한정하며 불가사의한 것이니까요. 사람의 잠재된 능력이란 개발하기에 따라 큰 힘을 발휘한다고 하더군요.

죽음이란 단순히 육체의 소멸만을 가져오는 것이 아니라는 것도 그날 깨달았습니다. 모든 사랑하는 것들과의 이별…. 그래서 죽음이 슬프다는 것도 그날 알았지요.

집에서는 한바탕 난리가 났었으나, 일단 결심한 바가 있는 터여서 저는 태연했고 침묵으로 모든 답변을 대신했습니다.

그리고 그날 이후로 다시는 죽음을 생각하지 않고 삶을 생각하기 시작했어요. 남에게는 있고 내게는 없는 것을 생각하기 전에, 남이 못 갖춘 것을 나는 갖고 있다고 생각하기 시작했습니다. 이를테면 맹인에게는 없는 빛, 나는 그 빛의 충만함 속에서 살고 있다. 신체 중 일부가 없어진 사람이나 신체 내부에서 쉼 없이 솟구치는 고통으로 신음하는 사람들보다 나는 행복하다. 그렇게 저는 생각하기 시작했습니다.

고아에게는 없는 부모가 있으니 행복하고, 경련하는 턱을 베개에 얹고서 왼손으로 20초에 한 자씩이나마 하고 싶은 이야기를 이렇게 쓸 수 있으니 그 또한 행복하지 않은가! 그렇게 생각한 것이지요.

행복의 원리는 간단하다. 자신의 욕망을 줄이면 된다. 냇가의 조약돌이 쓸데 없다고 전부 걷어 버리면 그 냇물은 노래를 잃는다…. 인생에서 고난과 시련의 돌을 제거하면 환희와 승리의 노래가 존재할 수 있을까요?

저는 믿습니다.

저도 반드시 쓸모가 있으리라고.

조약돌 하나라도 하느님께서는 결코 쓸모 없이 창조하지 않으셨습니다. 그런데 하물며 사람에게랴! (제2회 샘터 수기 당선작)

외톨이의 꿈

김경훈

　일곱 살 때 간암으로 아빠 엄마를 잃었다. 엄마가 돌아가신 지 20일 후에 아빠가 돌아가셨다. 어떤 사람들은 귀신이 붙었다는 사람도 있고, 그런 일은 있을 수 없는 일이라고 하는 사람도 있었다.

　형제도 없는 나는 갈 곳이 없게 되었다. 친척들은 많았지만 누구도 받아 주지 않았다. 하루아침에 고아가 되어 버린 것이다. 그러자 작은아버지가 나를 데려갔다. 나는 처음으로 서울 구경을 했다. 작은집도 가난해서 작은아버지, 작은엄마는 일을 다니시고 사촌 형들은 중학교에 다니고 있었다. 집에 남는 사람은 나 혼자였다.

　남의 집에 가면 청소도 하고 말을 잘 들어야 한다기에 나는 매일 밥을 하며 학교에 다녔다. 어떤 때는 학교에 가면 어디서 보았는지 친구들은 남자가 밥을 한다고 놀리기도 하고, 돈이 없어서 준비물을 못해 가면 비웃기도 했다. 그때마다 나는 고양이 앞에 쥐가 되곤 했다.

　맨 처음에는 작은엄마와 형들도 나를 한 식구처럼 대해 주었는데, 날이 갈수록 작은엄마가 나를 싫어했다. 배가 고파 밥을 많이

172

먹으면 "조그만 놈이 밥을 많이 먹는다"고 하고, 형들도 "네가 많이 먹으니까 쌀값이 오르지" 하며 한 마디 덧붙였다.

밥을 먹을 때마다 눈치를 보며 먹어야 했다. 작은엄마는 나를 다른 데로 보내자고 며칠을 작은아버지와 싸우셨다. 그러자 사촌 형들은 "너 때문에 저런 일이 생긴다"며 나를 의자로 때린 적이 한두 번이 아니었다.

그럴 때면 집에서는 못 자고 종점에서 쉬는 버스 안에서 잠을 자야만 했다. 그렇게 3년이 지났다. 초등학교 3학년 겨울 방학 때였다. 작은엄마가 옷과 책을 가방에 넣어 주시며 시골에서 놀다가 오라고 하셨다. 어린 마음에 얼마나 기뻤는지 모른다.

오촌 아저씨 댁에서 방학을 보내고 돌아와 작은집 대문 앞에서 아무리 불러도 잠긴 문은 열리지 않았다. 방에는 불이 켜져 있었다. 그때야 나는 알았다. 영영 돌아오지 말라고 옷을 다 싸주셨다는 걸.

버스를 타러 어두운 골목길을 내려왔다. 손에 든 가방이 무거웠다. 그날따라 밤 공기도 무척 차가웠고 아빠와 엄마가 너무 보고 싶어졌다.

그날 저녁 청량리역 대합실에서 잠을 자고, 이튿날로 다시 시골에 내려가 여러 친척들 집을 돌아다니며 밥을 얻어먹었다. 넉 달을 그렇게 보냈다.

어쩌다 보니 다시 서울로 올라오게 되었다. 그렇게 해서 초등학교 중퇴를 하게 된 것이다. 나는 고종 형수의 소개로 공장에 들어가게 되었다. 그때 나이 열한 살, 너무 어려서 월급은 없고 먹고 자는 것만 보장받았다.

공장에서는 처음 들어온 사람은 신고식을 한다고 했다. 나도 신고식을 했다. 신고식은 별다른 것이 없었다. 그냥 때리면 맞는 것이었다. 얼마나 많이 맞았는지 온몸이 멍투성이었다. 어떤 때는 열 사람 밥을 하니까 삼층밥이 되어 욕을 많이 먹었지만 차차 익숙해졌다.

하지만 기술자 마음에 안 들어 기술자가 "너, 곡소리 날 줄 알아" 하며 각목으로 마구 때렸다. 청바지가 찢어져 다리에 피가 난 적도 있었다. 그때마다 신체적 아픔보다는 엄마 아빠가 보고 싶고 서러워서 눈물이 솟구쳤다. 하지만 그런 생활 속에서도 꿈은 있었다. 대법원의 판사가 되는 것이었다.

공장에 들어간 지도 3년이 넘었다. 설날 휴가가 돌아왔다. 갈 곳은 없고 해서 문득 생각난 곳이 하일동 고모네 집이었다. 나는 설을 쇠기 위해 고모네 집으로 갔다. 상추밭을 하시는 고모부는 다른 친척들과는 달랐다.

며칠을 고모네 있으면서 형들과도 친해졌다. 고모도 내가 공부를 하고 싶다는 말을 듣고 이렇게 말씀하셨다.

"하일동에 무료로 학생들을 가르쳐 주는 학교가 있대."

그 이튿날 나는 학교를 찾아갔다. 교장 선생님을 만나서 어려운 사정 이야기를 하자 책가방, 책, 노트 등을 주시며 내일부터 같이 공부하자고 하셨다.

나는 한글도 잘 몰랐기 때문에 초등학교 3학년부터 공부를 시작했다. 같은 반에서 공부하는 애들은 나보다 더 불쌍했다. 다리를 못 쓰는 형도 있었고, 이마에 혹이 난 애도 있었다. 우리는 서로 도우며 공부했다. 어떤 때는 싸워서 선생님한테 혼난 적도 있지만 금방 친해져 친형제처럼 지내며 공부했다.

그러나 어려움은 많았다. 새벽에 나가 일을 하니까 몹시 피곤했고, 농삿일은 너무나 힘들었다. 밥을 못 먹어 위가 헐어서 선생님의 도움으로 학교 기숙사에 있었다. 열심히 공부한 나는 그해 8월 검정 고시에 합격했다.

남들은 6년을 다녀야 받을 수 있는 초등학교 졸업장을 6개월 만에 받은 것이다. 내 눈에서는 눈물이 흘렀다. 그날 저녁 별들 중 두 별이 유난히 반짝였다. 꼭 아빠 엄마가 나에게 잘했다며 박수를 보내는 것 같았다. (하일 중등 성경 구락부 학생)

행복한 여인

김영숙

"행복해야 해."

이 말밖에는 아무 말도 해줄 수 없었다. 친구는 대기실에서 울고 있었다. 지나 온 설움에 북받쳐서인지 앞날의 축복에 격려해서인지 친구는 눈물을 글썽였다. 아버지를 대신한 이모부 손에 이끌려 그녀는 식장으로 들어왔다. 그녀를 아는 많은 사원들과 친지들의 한없는 축복이 그들의 눈에 담겨 있었다. 그녀는 웨딩 마치에 맞춰 사뿐사뿐 걸어 들어왔다. 하얀 드레스를 입은 그녀는 나비처럼 보였다. 촛불은 소리 없이 타올랐다.

가여운 친구. 난 그만 주례사를 끝까지 듣지 못하고 나와 버렸다. 입춘이 훨씬 지났어도 콧등이 시큰거리도록 쌀쌀했다. 기쁨과 슬픔을 동시에 간직한 수많은 사람들—그들을 헤치며 울렁이는 마음을 안고 그냥 걸었다. 그녀의 지난날이 생각났다.

그녀를 안 지는 함께 근무하던 3년 전부터다. 우리는 같은 또래라서 쉽게 친해질 수 있었다. 그녀는 어려서 아버지를 잃었고 폐암으로 고생하시던 어머니와도 영영 헤어지게 되었다. 거기다 하나 있는 오빠도 몇 년째 소식이 없다. 그래서 의지할 이모를 따라

176

직장도 옮기게 된 사실을 알고 나서는 늘 그녀가 내 마음을 떠나지 않았다. 그런 그녀의 오랜 남자 친구가 자동차 회사에서 근무하다 화상을 입었다. 머리의 절반이 화상을 입었고 두 눈이 멀었는데 생명만은 겨우 구했단다.

그래도 그것은 이미 자신의 일생에 짜여진 피할 수 없는 슬픔이라며 그녀는 그와의 결혼을 극구 주장하는 것이었다. 나는 한사코 말렸다. 결혼은 동정으로 하는 것이 아니라고 그녀를 달랬지만 뜻을 굽힐 그녀가 아니었다. 슬픔을 결코 피하려고 하지 않고 주어진 대로 살려는 친구. 아픈 나날을 밟고 왔기에 아픔을 채 느끼지도 못하는 가여운 친구.

신작로를 한참이나 걸었다. 갑자기 경적이 울렸다. 돌아보니 신혼길에 오른 그녀가 탄 차였다. 그녀는 환히 웃었다. 그녀의 눈엔 터질 듯한 기쁨이 어려 있었다. 머뭇 손을 들며 나도 따라 웃었다. 사라지는 차의 뒷모습을 바라보는 내 마음엔 그녀에 대한 불안보다 믿음이 생겼다.

'너는 행복할 거야.'(주부)

창 밖에 사슴이

백명희

봄 학기 첫 강의 시간이었다. 교실에 들어가 강의를 시작하자마자 '똑딱똑딱' 하는 소리가 신경에 걸렸다. 하던 말을 그치면 그 똑딱거리는 소리도 멈췄다. 아주 기분 나쁜 강의 시간이었다.

다음 주 또 그 시간이 되었다. 교실에 들어가 막 수업을 시작했는데 교실 앞문으로 뒤늦게 들어오던 한 학생이 마침 비스듬히 놓인 책상 모서리에 부딪쳐 넘어지려는 순간, 둘째 줄에 앉은 학생의 재빠른 도움으로 용케 넘어지지 않았다.

그런데 이 광경을 보고 강의실 가득히 앉았던 학생들 중 누구 하나 웃지 않는 게 참으로 이상하게 생각되었다.

수업을 시작하면서 나는 뒤늦게 들어온, 넘어질 뻔했던 그 학생을 주시하게 되었다. 그런데 바로 그 학생 쪽에서 똑딱거리던 그 소리가 또 들리기 시작했다. 바로 그 학생이 점자를 찍어 노트 필기를 하는 소리였다.

그 학생은 어릴 때 약을 잘못 써서 실명하게 되었고, 대학에서는 수학과를 지원하였지만 교수들의 권유로 철학을 전공하게 되었다고 했다.

그 학생은 교사가 되는 게 꿈이었다. 그것도 자기처럼 신체적 어려움을 극복하면서 뭔가를 이뤄 보려는 학생을 가르치는 꿈을 갖고 있었다. 그래서 내 교직 과목을 줄곧 신청하게 되어 나는 그 학생과 각별히 친해졌다.

그 학생은 과제물도 꼭꼭 제때에 제출했다. 비록 어떤 글자는 종이 밖으로 밀려 나가고 글씨도 고르지 못했지만, 가까운 친구나 이웃에게 부탁해 읽으라는 참고 도서를 모두 읽고 리포트를 작성하곤 했다. 감탄하지 않을 수 있었다.

이화여자대학교로 옮겨 온 후 학생들을 인솔하고 학교 참관을 다닐 기회가 있었다. 어느 날은 맹인학교에 참관을 가게 되었다. 학생들과 조용히 수업 참관을 마치고 나오던 나는 "선생님!" 하는 귀에 익은 목소리에 무심코 돌아섰다. 바로 그 학생이 맹인학교에서 교사로 일하고 있었던 것이다. 조용조용히 말하는 내 말소리로 나를 알 수 있었다고 했다.

역시 의젓하고, 얼굴에는 부드러운 미소를 머금고 있었다. 자신감을 갖고, 또한 보람을 느끼며 학생들을 가르치고 있다는 것을 피부로 느낄 수 있었다. 그는 이미 중진의 교사였다. 오랜 꿈을 이룬 것이었다. 얼마나 값진 삶인가! (이화여대 교육학과 교수)

두 손 아닌 두 발이 그린 그림

오순이

걸음을 배우고 앞뒤 없이 돌아 다닐 세 살 무렵 나는 집 앞 철길을 겁 없이 혼자 건너다 사고를 당해 그만 두 팔을 잃었다. 사고 후 곧장 병원으로 옮겨졌지만 의사들이 하는 말은 한결같았다.

"가망이 없습니다. 다른 병원을 찾아가십시오."

어머니는 의식을 잃은 나를 업고 뛰어다니다가 겨우 도립병원에 나를 눕힐 수 있었다. 그리고 거기에서 나는 기적적으로 소생의 울음을 터뜨렸다.

병원 생활 후에는 장장 3년이란 시간을 어머니 등의 땀 냄새를 맡으며 업혀 다녀야 했다. 내 치료비 때문에 농사를 짓던 우리 집은 다른 곳으로 집을 옮겨 다녀야 할 정도였다.

병원을 다닌 지 2년이 되면서, 그러니까 다섯 살이 되면서 나는 손이 하던 모든 행동을 발가락으로 대신하는 훈련을 시작했다. 그 중에 가장 중요한 것은 앞으로의 학교 생활을 위해 발가락으로 글을 쓰는 것이었다.

양팔이 없는 상태의 다섯 살짜리 아이의 걸음은 불안할 수밖에 없었다. 뒤뚱거리다가는 넘어지고 다시 넘어지고 해서 얼굴엔 피멍이 사라질 날이 없었다. 발에도 벌건 물집이 잡혀 식구들은 남몰래 눈물을 흘려야 했다. 아직 자신의 모습이 어떤지도 모르는 꼬마에게 눈물을 보일 수 없었기 때문이다.

내가 초등학교에 입학할 때가 되던 해였다. 같이 놀던 친구들은 모두 학교에 가고 없어 텅 빈 골목길을 바라보면서, 집안 사정으로 학교에 못 간 나는 조금씩 우울해지기 시작했다. 멀지 않은 학교 운동장에서 들리는 호각 소리, 아이들의 구령 소리, 마냥 뛰어가고 싶기만 하여 답답하던 그때의 심정을 지금도 잊을 수 없다.

대신 나는 집에서 언니들이 가르쳐 주는 수업으로 만족해야 했다. 때때로 교실 근처에 다가가 조용히 지켜보고 있노라면 친구가 어느새 알아보고 서로 눈짓을 주고받는 것이 유일한 낙이었고, 나도 친구 옆에 앉아 공부해 보는 것이 간절한 소망이었다.

이런 내 모습을 볼 수 없었던지, 어느 날은 큰언니가 학교로 찾아가 다음해에는 입학할 수 있다는 기쁜 소식을 갖고 왔다. 그리고 해가 바뀌어 남보다 1년 늦게 나는 처음으로 학교 생활이란 걸 시작했다.

하지만 생각보다 학교 생활이 좋은 것만은 아니었다. 친구들의 눈초리가 의식되고, 내 발에 시선이 집중되고 있음이 느껴질 때마다 내가 일반인과 다르다는 것이 피부에 와 닿았다. 몇 년 간 집에서 익힌 발의 행동이 글씨는 물론이고, 웬만한 소지품을 다룰 수 있을 정도였는데도 그런 눈초리를 대할 때면 나는 어딘가로 숨고만 싶었다. 그때 선생님이 좋은 친구를 사귀게 해주시지 않았더라면 지금의 나는 없었을 것이다.

시간이 지나 점차 내가 아픈 마음들을 털어 내던 4학년 어느 날, 담임 선생님이 내게 미술 공부를 권유하셨다. 미술 시간에 주위의 시골 풍경을 내가 좋아하는 색으로 마음껏 그렸는데 선생님이 그 그림을 보신 것이다.

그때부터 내게 미술은 떨어질 수 없는 친구가 되었다. 그림에 대한 호기심은 더해 가기만 했고, 등교할 때마다 미술 도구가 첫 번째 준비물이 되었다. 동양화가 무엇이며, 사군자의 기법이 어떤 것인지도 배웠다.

그러나 처음 잡는 붓은 발가락 사이를 빠져 나가기 일쑤였고, 발놀림도 둔하기만 했다. 그렇다고 포기할 수는 없었다. 맹목적인 것 같지만 신체적 조건을 극복하기 위해 수천 수만 번의 반복 훈련이 필요했다.

집—동양화—학교만이 내 생활이 되면서 시간은 흘러갔다. 그림이 안될 때면 허전하고 슬펐지만, 그 반대일 때는 하교길이 그렇게 신날 수 없었다. 또한 처음으로 창조란 것이 이렇게도 어려운 것임을 깨달았다.

이런 생활 끝에 눈물 바다와 환희의 초등학교 졸업을 마치고 "너를 끝까지 지켜보겠다"고 하시던 교장 선생님의 말씀을 뒤로했다. 그리고는 화실이 가깝던 시내 중학교와는 정반대인, 집에서 50분이나 걸리는 제일여중에 입학했다.

처음 만나는 친구들로부터 또 따가운 시선들을 느껴야 했지만 급우들은 금방 내 손들이 되어 주었다. 나는 한결 성격도 밝아지고 여유 있는 생활을 할 수 있었다. 물론 그림 연습은 더 많이 했다. 전시회를 찾아 다니다 보니 나도 섬세한 창작을 하고 싶다는 욕심과 의욕이 생겼다.

한편으론 체육 시간이 끝나고 땀방울이 송글송글 맺힌 친구들의 얼굴이 그렇게도 부러울 수가 없었다.

이제 나는 여고 시절의 막바지에 와 있다. 주위의 도움으로 여러 번 상도 탔고, 대학 진학의 길도 열렸다. 새로운 대학 생활에 대한 불안이 없지 않으나 이 과정을 이겨 내면 나도 떳떳이 사회의 한 대열에 낄 수 있다고 나는 믿는다. (마산 제일여고 3학년)

마음의 눈을 크게 뜨고

양정신

"이제 깨어났구나. 정신아, 정신아!"

여섯 날 나던 해 봄, 나는 어머니며 집안 어른들의 두런거리는 소리에 곤한 잠에서 깨어났다. 그런데 말소리가 나는 쪽으로 아무리 눈을 돌려도 어머니의 얼굴이 보이지 않는 것이었다.

나는 어머니를 찾으며 벌떡 일어났다. 하지만 내 몸은 따스한 어머니 품이 아닌 딱딱한 방바닥으로 넘어졌다. 마루에서 내 울음소리를 들은 식구들이 달려들어 와 나를 잡고 흔들었지만 내 눈에는 식구들의 모습이 하나도 보이지 않았다.

매양 춥기만 한 내 고향 송화 들녘에 모처럼 아지랑이가 피던 날, 나는 언니 손에 이끌려 동네 뒷산으로 진달래를 꺾으러 갔다가 돌아오는 길로 그만 온몸에서 불같은 열이 나면서 정신을 잃었다. 고열은 며칠 새에 내 시력을 앗아 갔다.

나는 학교에도 다닐 수 없었고, 동네 아이들에게 겨우겨우 품앗이 공부를 할 수 있을 뿐이었다. 그러다가 열 살 때 우연히 맹아학교 교사를 만나 평양의 맹아학교에 입학했고 그 선생님의 각별한 보살핌으로 정진 소학교를 무사히 마칠 수 있었다. 그러나 내 앞에는 더 큰 장벽이 기다리고 있었다.

어서 빨리 점자 읽는 법을 배워 살 길을 찾으라는 집안 어른들의 권유를 뿌리치고 나는 무조건 평양의 오랜 명문인 숭의학교에 입학 시험을 치렀다.

그러나 막상 발표를 보니 내 이름이 빠져 있었다. 나는 혼자 교장실로 올라갔다. 학과 시험 성적은 우수하지만 맹인이라는 이유로 안된다는 것이었다.

나는 잠을 안 자더라도 정상인들의 힘을 빌리지 않을 자신이 있으니 입학을 시켜 달라고 항의했고, 마침내 우선 '가입학'의 조건으로 공부해도 좋다고 허락을 받았다.

이날부터 나는 정상인 친구들이 사춘기를 즐길 시간에 밤이 이슥하도록 점자를 더듬으며 공부를 했다. 또 학비를 벌기 위해 날마다 시골 목장에 나가 양털 고르는 일을 했다.

손바닥에는 사춘기의 꿈같은 보드라움 대신 굳은 살이 박혔지만 나는 부끄러울 게 없었다. 얼마 후 정식 입학이 허락되었고, 일제의 탄압 속에서 교사들이 속속 파면당하는 어려움 속에서도 졸업장을 받을 수 있었다.

내 꿈은 어디까지나 나처럼 버려진 사람들을 돕는 일이었다. 그래서 숭의학교를 마친 뒤 시골 교회들을 전전하며 전도사 생활을 시작했다. 하지만 과로와 가난에 폐병까지 겹쳤다.

나는 더 큰 삶의 무기가 필요하다고 느끼고 일본으로 건너갔다. 처음에는 동경 시립 음악학교에 들어갔다가 방향을 바꿔 미시마 의학 전문학교로 옮겼다. 아무래도 의학이 어려운 사람들을 돕는 데 긴요하리라 여겼기 때문이다. 처음에는 물론 청강생이었다.

나는 몸이 두 쪽이 나기 전까지는 물러서지 않을 각오로 겨우 눈을 붙일까말까 하는 한두 시간을 빼고는 공부에 매달렸다. 그런 몰두는 이론 공부엔 효과가 있었지만 금방 또 다른 벽에 부딪쳤다. 해부학과 세균학 등의 분야가 그것이이었다. 보이지 않는 눈으로 그것들을 정복하기란 난감한 일이었다.

　그러나 두드리고 두드리는 사람들에게 영원한 문제는 없는 것이다. 내게 눈이 생겼다. 그것도 따스한 마음을 담은 눈이.

　일본인 동료인 심보 군이 그 시간이면 항상 내 곁에 와 일일이 감각이 예민한 손으로 개구리의 뛰는 심장을 만지도록 해주고, 현미경에 비친 세균의 모습을 그려 주었다. 그것은 어떤 이성간의 사랑이라기보다 참으로 뜨겁게 파동쳐 오는 감동이었다.

　덕분에 나의 정식 입학이 허가되었다. 졸업식 날 심보 군은 내게 청혼을 했다. 하지만 그에게 짐이 되어서는 안된다는 생각으로 그를 떠나 보냈다. 눈물은 귀국선 속에서 비로소 흘렸다. (기독교 장로회 최초의 여목사)

하늘을 새처럼 날 수만 있다면

최미란

나는 스물다섯 살의 반신불수이다. 이 세상에 태어나서 한 번도 땅을 디뎌 본 적이 없다. 늘 누군가에게 업혀지고 안겨져서 움직여야 한다.

처음부터 우리 가정이 불행했던 것은 아니다. 내가 태어난 것은 1960년 5월, 강원도 양구라는 곳에서였다.

아버지는 당시 육군 대위셨다. 지금도 군복을 입으신 아버지와 예쁜 엄마와 함께 찍은 내 백일 사진을 들여다보면 운명이란 참 알 수 없는 것이라는 생각이 든다. 한없이 행복했던 우리들에게 이런 큰 불행이 도사리고 있을 줄 누가 알았겠는가.

돌이 지나면서 나는 열병을 앓았다. 병원에서는 단순한 감기라고 오진을 했지만, 나중에야 소아마비임을 알았을 때 이미 나는 목도 가누지 못하고 온몸이 축축 늘어지는 아주 심한 상태였다.

그후 치료를 계속했으나 끝내 하반신만은 영영 불구가 되어 버렸다. 학교 갈 나이가 되어도 갓난아기의 다리만큼밖에 자라지 않는 내 두 다리를 보고 엄마는 몇 번이나 함께 죽어 버리자고 했다.

곧 초등학교에 입학했으나 엄마가 아니면 움직일 수가 없었다.

엄마가 업어다 교실에 앉혀 주고 끝나는 시간에 맞춰 다시 데리러 오셨던 것이 내 어릴 적 모습이다.

초등학교 2학년 때 아버지께서는 대위 계급으로 제대를 하셨다. 제대 후 아버지께서 시작한 사업은 다방 경영이었다. 아버지는 사회 경험이 없어 엄마도 함께 뛰셨다. 나와 동생들만이 있는 집안 꼴은 말이 아니었다. 부모님이 안 계실 동안 마냥 울어대는 두 동생을 바라보다 말고 함께 운 적이 한두 번이 아니었다.

그래도 그때는 얼마나 행복했던가. 집에 돌아오시기가 바쁘게 나를 끌어안고 뺨을 부비시던 아버지. 수염 끝이 따가워 앙탈을 부리면 아버지는 늘 껄껄 웃으셨다.

그후에 나는 관동 중학교에 입학했다. 1학년이라야 통틀어 두 학급밖에 안되는 남녀공학이었다. 시골이라서 도시 학생들에 견줄 수는 없었지만 나는 전체에서 7, 8등을 했다.

그런데 3학년이 되면서 갑자기 아버지가 고혈압으로 쓰러지셨다. 회복이 되신 후에도 아버지는 몸이 예전처럼 건강하지 못하셨다. 우리 집은 또다시 어둠에 휩싸이기 시작했다.

업친 데 덮친 격으로 다방마저 경영이 어려워졌다. 급기야 엄마는 세 동생을 데리고 서울로 올라가셨고, 나는 아버지와 함께 1년 동안을 그곳에서 살았다. 아버지는 불편한 몸으로 새벽같이 일어나 밥을 지어 놓고 내 옷가지를 빠시고, 나를 자전거에 태우고 20리 길을 달리셨다.

아버지는 나를 경희대학교 약학과에 보내고 싶다고 항상 말씀하셨다. 몸이 약하고 불편할수록 의지가 강해야 된다는 것, 이 세상에는 나보다 더 불편하고 가엾은 사람이 많다는 것, 그래도 내 곁에는 아버지가 항상 함께 계실 거라는 말씀이 나를 행복하게 했다.

그러나 아버지는 나와의 약속을 끝내 지키지 못하셨다. 내가 중학교를 졸업하고 엄마를 따라 서울로 올라온 이듬해 6월, 갑자기 운명을 달리하시고 말았다.

중학교만 졸업하고 집에 있는 불구의 딸인 나와 고등학교 1학년인 장남, 중학교 1학년인 둘째딸과 초등학교에 갓 입학한 막내아들. 그리고 엄마.

엄마가 받으신 충격과 암담함이 어떠했을까. 공교롭게도 세 아이를 모두 학교에 입학만 시켜 놓고 눈을 감으신 아버지 때문에 엄마는 통곡을 하셨다.

하지만 마냥 실의에 빠져 있을 수는 없었다. 엄마는 어린 것들의 생존을 위해 동분서주하기 시작했다. 연탄 공장의 구내 식당에서 밥을 팔고, 길거리에서 튀김 장사도 하셨다. 153센티미터가 채될까말까 한 엄마의 키가 그후론 점점 줄어드는 것만 같았다. 그렇게 밤낮으로 일해 세 아이의 학비를 대고, 나를 포함한 우리 가족 모두의 수발까지 도맡아 하시면서도 엄마는 한 번도 몸져 누우신 적이 없었다.

이 무렵 나는 학교에 다니는 아이들을 보고 부러움을 느끼기 시작했다. 차츰 나도 공부하고픈 생각이 일었다. 그러나 엄마가 얼마나 어렵게 우리 가정을 이끌어 가고 있는지를 누구보다도 잘 알고 있었으므로 나는 내가 계획한 속마음을 엄마에게 털어놓을 수 없었다.

정말로 공부가 하고 싶었다. 학교를 졸업한 지 7년, 그동안 책이라는 걸 들여다볼 기회가 없었지만 그래도 공부만은 정말 하고 싶었다.

며칠을 끙끙 앓다 간신히 엄마에게 내 뜻을 비쳤다. 뜻밖에도 엄마의 대답은 간단했다.

"네 뜻이 정 그렇다면 한번 해보자구나."

마냥 죄송스러웠다. 작년 4월. 엄마는 스물다섯 살 난 큰 아기인 나를 업고 그동안 눈여겨보아 온 신설동에 있는 고시학원을 찾아가 입학 수속을 마쳤다. 내가 대입 검정고시반의 학생이 된 것이다.

엄마는 지금도 그렇지만 그 당시에도 석관동에서 조그만 분식점을 꾸려 가고 계셨기 때문에 나는 새벽반을 들어야 했다. 새벽 다섯 시 사십 분에 시작해서 여덟 시에 끝나는 수업을 듣기 위해 엄마와 나는 새벽 네 시면 별빛을 헤아리며 집을 나섰다. 수업 도중에 반을 옮기거나 화장실에 가고 싶으면 밖에서 서성거리시는 엄마의 손이 필요했다.

그렇게 1년을 보내고 올해부터는 야간반으로 자리를 옮겼다. 야간반은 저녁 여섯 시 삼십 분에 시작이었다. 하지만 그 시간은 학생 손님이 가장 많은 때였기 때문에 엄마와 나는 세 시부터 학원으로 갔다. 미리 나를 학원에 데려다 놓고 엄마는 다시 집으로 가 장사를 하시다가 밤 열 시에 데리러 오셨다.

나는 엄마의 등에 업혀 계단을 오르내릴 때마다 미안한 마음에 늘 새가 되는 꿈을 꾸었다. 아, 내 몸이 새라면 혹은 새털처럼 가벼워질 수만 있다면!

1984년 8월에 있던 대입 검정고시가 내게는 1차 관문이었다.

그것이 제대로 실현되었으니 이제는 약학 대학에 가고 싶다. 엄마는 내가 한의사가 되었으면 하신다. 그러나 한의사나 약사가 어디 생각처럼 쉬운가. 우선은 실력도 문제지만 또 입학 정관에 불구자를 제한하는 학교도 많으니까.

하지만 나는 해낼 것이다. 비록 장애자지만 나도 뭔가 쓸모 있는 사람이 되고 싶다. 이제껏 도움만 받고 살아왔으니까. 이제는 남을 위해 도움을 줄 수 있는 사람이 되고 싶다. (검정고시 합격 수기집에서)

붓 잡는 연습

윤병구

손가락이 모두 떨어져 나가 손바닥만으로 그림을 그리던 김아무
개 씨. 내가 처음 그를 만났을 때는 이미 그렇게 손가락이 떨어져
나가 손바닥에 붕대를 매고 거기에 붓을 꽂아 그림을 그리고 있었
다.

그는 말했다.

"손가락이 하나 떨어져 나갔을 때 나는 붓 잡는 연습을 새로 시
작했지요. 그리고는 익숙해질 만하니까 또 하나가 떨어져 나가더
군요. 또다시 붓 잡는 연습을 하고, 익숙해지니까 또 하나가 떨어
져 나가고…. 그렇게 붓 잡는 연습만 하면서 몇 년을 보냈지요. 이
젠 이렇게 손가락 없이 그리는 것이 오히려 편해요. 적어도 이제
손목이 떨어져 나갈 염려는 없으니까요."

그는 동정의 눈으로 바라보는 나를 오히려 위로하고 있었다. 그
는 벌써 이 세상을 떠났지만 그의 그림은 지난 1984년 교황 요한
바오로 2세가 소록도를 방문했을 때 선물로 증정되었으며, 지금은
아마 교황청 어딘가에 걸려 많은 이들의 사랑을 받고 있을 것이
다. (국립 소록도병원 근무)

나의 파랑새

서주희

1985년 4월, 나는 열아홉 살의 봄을 맞아 땅을 밀고 올라오는 새순처럼 마음이 들떠 있었다. 그날은 늦은 봄의 어느 토요일 아침이었다. 분명히 버스 안에 타고 있었던 기억이 나는데 눈을 떠 보니 종합병원 중환자실이었다.

부모님과 여러 친척들이 나를 둘러싸고 있었고, 모두들 눈물을 글썽이며 서 계셨다. 내 옆에는 산소통이 있고 목에는 검은 공같이 생긴 것이 달려 있었는데, 의사가 그것을 눌렀다 폈다 하고 있었다.

사고로 목뼈를 다치면서 모든 신경이 마비된 것이다. 그래서 호흡을 인공적으로 시키고 있었다. 꿈을 꾸고 있는 것 같았다. 도저히 현실이라고 생각할 수 없었다. 호흡 장애에 전신마비, 손가락 하나 꼼짝 못하고 아무리 꼬집고 비틀어도 느낌이 없었다. 인공호흡기로 숨을 쉬고, 내가 할 수 있는 건 아무것도 없었다. 그저 눈물을 흘릴 뿐이었다.

자유는 잃어 본 사람만이 그 소중함을 절실히 느낄 수 있다. 그렇다. 남들은 너무도 당연하다는 듯이 누리는 그 평범한 자유가,

가장 기본적인 신체의 자유가 이제 내게서는 사라진 것이다. 오죽 하면 당장 죽을지라도 한 번만 일어나게 해달라는 소원을 가졌을 까. 왜 그토록 쉬운 것이 내겐 이렇게 어렵단 말인가.

아직 어린 내게는 견딜 수 없는 시련이었다.

가망이 없다던 내게 가능성이 생긴 것은 사고 후 2개월이 지났 을 무렵이었다. 그날은 할머니와 이모가 오셔서 기분이 좋았다. 나는 무심코 왼팔을 들었는데 팔이 쑥 올라가는 것이었다.

'정말 내 의지로 든 것일까?'

가끔 나도 모르게 몸이 움직일 때가 있었기 때문에 믿어지지 않 았다. 다시 들어 보았다. 정말로 내가 든 것이었다.

손가락 하나 움직이지 못했는데, 그렇게 신기할 수가 없었다. 눈물이 솟구쳤다. 기구한 운명이 슬퍼서 울던 내가 처음으로 기쁨 의 눈물을 흘린 것이다. 그후 손가락과 다리, 발가락을 조금씩 움 직였고 그러면서 아픔도 느낄 수 있게 되었다.

그해 가을, 나는 꼭 나을 것이라는 희망을 품고 하루하루를 보 내고 있었다. 그런데 그때 내게 새로운 고통이 다가왔다. 40도가 넘는 고열과 함께 다리에 심한 통증이 온 것이다. 아버지가 밤새 도록 다리를 주무르고 물수건을 머리에 얹어 주셨지만 좀처럼 낫 지 않았다. 해열제도 소용이 없었고 다리도 계속 아팠다.

급기야 음식까지 먹지 못해 링거액과 물로 버티다가 결국은 코 로부터 위장까지 연결된 고무 호스를 통해 주사기로 묽은 죽을 넣 어야 했다.

정신이 말짱한 내겐 견디기 힘든 고통이었다. 억지로라도 먹어 보겠다고 이틀 만에 호스를 뽑았지만 한 숟가락도 먹을 수가 없었다. 아버지는 뭐라도 먹게 하려고 시장으로 백화점으로 다니며 새로운 것을 사 나르는 일이 일과였다.

시일이 지나면서 과일을 조금씩 먹을 수 있게 되고 차츰 음식도 먹게 되었다. 모두가 아버지의 정성 덕분이었다. 그렇게 힘들었던 겨울을 무사히 넘기고 새 봄이 찾아왔지만 몸에 살이 붙어 있지 않아 내가 나를 낯설어 할 정도였다.

누가 봐도 이상한 환자였다. 전신마비의 불구자. 나와 비슷한 사람은 있어도 이렇게 인공호흡기를 하고 전신마비이면서 팔다리를 조금씩 움직이는 환자는 없었다.

그렇게 중환자실 생활을 끝내고 나는 1인실로 옮겼다.

희망은 점점 멀어지고 나는 자꾸만 나이를 먹었다. 그렇게 5년의 세월이 흐른 1990년 여름, 나는 또 다른 시련을 겪어야 했다. 그것은 너무 슬픈 것이었다.

어느 날 엄마가 갑자기 병실에 오셔서 이렇게 말씀하셨다.

"희야, 왜 전화를 안 받니?"

"전화를 왜 안 받아. 안 오니까 안 받지."

"그것 참 이상하구나! 교환에서는 병실에서 받지 않는다고 하던데. 몇 번이나 전화를 해도 연결이 되지 않아서 걱정이 돼 집에 있을 수가 있어야지."

그때까지도 나는 내 귀에 이상이 생겼다는 것을 깨닫지 못했다. 바로 옆에서 나는 소리가 아니면 듣지 못한다는 것을 몰랐던 것이다. 다만 주위가 많이 조용해졌다는 생각을 했을 뿐이었다.

그리고 얼마 후 나는 소리를 잃었다. 그렇게 좋아하던 음악도, 사랑하는 사람들의 목소리도 들을 수 없게 된 것이다. 나는 이럴

수는 없다고, 울고 또 울었다. 하필이면 내가 왜? 내 앞에 신이 있다면 묻고 싶었다.

'제가 무슨 잘못을 했는가요. 왜 저는 이래야 하나요. 얼마나 더 있어야 불행이 끝날까요. 제가 불쌍하지도 않으신가요. 제가 무슨 큰 욕심을 부렸던가요. 이렇게 소리마저 또 앗아가야만 하나요. 그래도 살아 있음을 기뻐해야 하나요. 아뇨, 이젠 더 이상 살고 싶지 않아요. 정말 살고 싶지 않다구요.'

나는 결국 죽기로 결심했다. 여태껏 수없이 죽음을 생각했지만, 그동안 내겐 죽음의 자유도 없었다. 그러나 이제는 불면증 때문에 먹고 있는 수면제를 모을 수 있었다. 매일 먹는 분량에서 한두 알씩 남긴 것이 어느덧 꽤 많은 분량이 되었다.

그날 밤 간호하는 동생이 잠들기를 기다렸다가 나는 행동에 옮겼다. 서너 알씩 몇 번 약을 삼켰다. 주체할 수 없을 정도로 눈물이 흘렀다.

'과연 이것이 진정 옳은 일일까? 이러지 않아도 오래 살지 못한다는 것을 잘 안다. 내가 자살을 한다면 엄마가 얼마나 슬퍼할 것인가. 나의 사고로 눈물 마를 날이 없는 엄마에게 너무도 몹쓸 짓이 아닌가.'

부모는 죽으면 산에 묻고 오지만 자식은 가슴에 묻는다는데, 엄마의 우는 모습이 자꾸만 나를 잡았다. 불효만 한 딸 때문에 얼마나 가슴이 아플까. 그래, 자살을 해서는 안된다. 이 상태에서라도 끝까지 사는 것이 내가 할 수 있는 엄마에 대한 최선의 도리이다.

나는 다시 마음의 안정을 찾고 뭔가를 하기 위해 노력했다. 아무리 한 생명이 바닷가의 모래알 같다 해도 내가 이 세상에 살다

갔다는 흔적만이라도 남겨야 할 것 같았다.

나는 그때부터 글씨 연습을 시작했다. 그래서 그리운 사람에게 편지도 쓰고 내 슬픈 이야기도 남기고 싶어졌다. 그러나 쉬운 일이 아니었다. 처음에는 글씨라고 할 수 없을 만큼 엉망이었지만 열심히 노력했다. 여러 달을 계속하니 글씨도 차츰 나아졌다.

어느 정도 쓸 수 있게 되었을 때 병원에서 나는 첫 편지를 써서 가장 친한 친구에게 보냈다. 사고 후에도 한결같이 정다운 친구로 나의 고통을 함께 아파하며 위로가 되어 준 소중한 친구였다. 친구의 결혼으로 예전보다 우리의 만남이 조금은 줄었지만 여전히 다정한 친구에게 내 마음을 글로 전했다.

그 친구에게서 곧 답장이 왔다. 서투른 글씨로 된 나의 글을 접하며 얼마나 힘들여 썼을 것인가를 생각하고 눈물을 흘렸다는, 사랑이 가득 담긴 편지였다.

그렇다. 아직 내겐 소중한 사람이 많다. 그들을 위해서라도 언제까지 슬퍼하며 살 수는 없는 것이다. 이것이 내 운명이라면 더 이상 거부하지 말자. 7년의 아픈 세월을 잘 견뎌냈다고 나 스스로 대견해 하자. 먼 곳의 파랑새를 찾기보다는 내 주위의 모든 것이 기쁨이고 행복임을 알자.

다치기 전에는 숨을 쉬고 산다는 것조차 행복이 될 수 있다는 것을 몰랐다. 그러나 이젠 없어서 슬프기보다는 조금이라도 있음을 기뻐하고 싶다. 자신에게 주어진 것에 만족할 줄 모르는 이에게 평범 그 자체, 자기가 갖고 있는 모든 것이 축복임을 이야기해 주고 싶다.

나도 내가 가장 불행하다고는 생각지 않는다. 나보다 덜 아픈 사람도, 더 많이 아픈 사람도 있을 것이다. 그러나 그들이나 내가 느끼는 삶의 무게는 같을 것이다. 그렇다면 불행 속에서도 기쁨을 아는 내가 더 행복하게 살 수 있지 않을까. (제13회 올해의 인간승리상 본상 수상자)

키 150센티미터, 몸무게 37킬로그램

이수림

의사들은 내가 다시는 걷지 못하게 될 것이라고 말했다. 하지만 어머니는 내가 반드시 다시 걷게 될 것이라고 말했다. 나는 어머니를 믿었고, 그래서 다시 걸을 수 있게 되었다.

-월마 루돌프(육상 세계 기록 보유자)

"뇌성마비이지만 아이가 자라면 조금씩 좋아질 수도 있으니 너무 걱정하지 마십시오."

의사의 이 한 마디는 엄마인 최권순 씨에게 큰 위안이 되었다. 아이를 바로 세울 수만 있다면 하는 바람으로 그녀는 점쟁이도 찾아가고, 용한 한의사에게 침을 맞으려고 사방을 돌아다녔다. 그런 것이 부모 마음에 위안은 될지언정 아이에게는 효과가 없다는 사실을 알면서도….

영한이는 저보다 세 살 어린 동생과 쌍둥이처럼 자랐다. 음식을 제대로 먹지 못해 발육 상태가 제 또래 아이들보다 서너 살은 늦었기 때문이다.

일곱 살이 되었다. 취학 통지서를 받고 찾아간 초등학교 입학식

날, 담임 선생님은 영한이 모자를 따로 만났다.

"혜성학교(특수학교)에 가보세요. 그곳에서는 영한이 같은 아이들을 위한 교육 시설이 잘 갖춰져 있고, 아이들에게 놀림당하지도 않을 겁니다."

혜성학교의 입학 허가를 기다리는 한 달 동안만 영한이는 일반학교에 다닐 수 있었다. 노는 시간, 아이들이 운동장으로 나가 버린 텅 빈 교실에는 눈물 짓는 엄마와 말없는 아들만 남아 있었다. 엄마는 가슴이 찢어질 것 같았다. 내 아들도 저 애들처럼 뛰고 달리고 소리칠 수 있다면…. 그나마 다행인 것은 영한이가 수업 내용을 알아듣고 무척 흥미를 느낀다는 점이었다.

아들의 입학 수속을 밟기 위해 혜성학교를 찾던 날, 최권순 씨는 또 한 번 눈물을 흘렸다. 내 자식만 불행하다고 생각하며 살아온 최씨는 학교 운동장에서 노는 수많은 장애아들을 보자 동병상련의 마음으로 가슴이 저며 왔다. 더구나 중증의 장애아들을 보면서 그나마 내 아이는 다행이라는 위안도 받았다.

한 달 뒤, 최씨는 영한이를 위해 혜성학교 가까운 곳에 방을 얻었다. 살림에 보탬이 될까 해서 작은 구멍가게를 시작한 뒤로는, 엄마 대신 다섯 살 난 동생이 영한이의 보호자로 나섰다. 제 키만한 형을 학교에 데려다 주고 데려오는 어린 보호자는 길에서 강아지만 봐도 울고 동네 아이들이 형을 놀려도 울었다. 결국 엄마가 가게 문을 닫고 아들을 따라다녀야 했다.

몇 달 뒤, 영한이는 더듬거리며 자신의 의견을 말하기 시작했다.

"이제 나 혼자 갈 테니 엄마 오지 마."

초등학교 1학년, 강영한의 키는 1미터에서 1센티미터가 모자라는 99센티미터였다. 비 오는 날이면 등교길에 아이는 보이지 않고 우산만 걸어가는 것처럼 보였다.

너무도 작은 아이, 비록 몸은 정상이 아니었지만 마음만은 야무지고 똑똑한 아이였다. 혜성학교에서 전교 1, 2등을 다투던 영한이를 담임 선생님은 일반학교에 보내면 어떻겠느냐고 최씨 부부에게 제안했다.

"그렇게만 된다면야 좋지요. 그런데 학교에서 받아 줄까요?"

부모는 자신이 없었다.

그러나 혜성학교 선생님들의 적극적인 도움으로 영한이는 덕천중학교와 낙동고등학교에 다니게 되었다. 혜성학교와는 달리 건강한 친구들과 함께 하는 학교 생활은 처음 시작할 때부터 심리적 부담이 컸다. 다행히 학교 친구들과 선생님이 영한이의 처지를 이해하고 도와 주었다.

중고등학교에서 영한이는 어문학에 소질을 보였다. 특히 영어와 국어 성적이 좋았다. 그러다 중3 때 아버지가 맘먹고 컴퓨터를 한 대 사주자 영한이는 시간만 나면 컴퓨터를 배웠다.

물론 고등학교 3년 동안 불편한 몸을 이끌고 다녀야 했던 먼 거리의 통학길은 영한이의 연약한 심신을 지치게 했다. 수업을 마치고 집에 돌아와 지친 몸으로 자습을 한다는 것도 큰 무리였다. 성적보다 건강을 우선시 한 어머니와 아버지는 영한이의 대학 진학만은 신중을 기해야 했다.

그러나 영한이는 대학에 꼭 진학하고 싶었다. 특히 그동안 취미를 붙여 온 컴퓨터 관련 분야를 전공하고 싶었다. 오히려 영한이는 자신의 건강보다 목수로 청소부로 어렵게 생계를 꾸려 가시는 부모님이 대학 등록금을 대실 수 있을까 하는 걱정이 더 컸다.

영한이의 뜻을 안 어머니와 아버지는 아들을 대학에 보내기로 결정했다. 그날부터 영한이는 집에서 가까운 거리에 있는 인제대 전산학과를 목표로 열심히 공부했다.

하루 종일 길거리를 누벼야 하는 어머니 최권순 씨는 아무리 몸이 피곤해도 아들이 공부를 마치고 잠들 때까지는 결코 눈을 붙이지 않았다. 간혹 코피를 흘리는 영한이의 모습에 아버지도 남몰래 눈물을 흘려야 했다.

이처럼 온 가족이 영한이의 꿈을 이뤄 주기 위해 모든 정성을 쏟았다. 드디어 시험. 언어 장애 학생은 받아 본 적이 없다는 학교 측의 반응이 잠시 영한이의 가족을 절망 속으로 몰아넣었지만, 하늘은 이 가족들의 간절한 소망을 저버리지 않았다. 영한이는 합격했다.

만 18세, 키 150센티미터, 몸무게 37킬로그램의 강영한은 내신 성적 8등급, 수능시험 137.3점으로 인제대 전산학과에 당당히 합격했다. 이날 영한이는 목수 아버지와 청소부 어머니를 부둥켜안고 기쁨의 눈물을 흘렸다.

이제 홀로 서기의 첫걸음을 내딛는 영한이. 부모가 짊어진 가난으로 인해 자신에게 씌워진 신체 장애의 멍에를 극복한 영한이는 비록 불구의 몸이지만 컴퓨터 전문가의 꿈을 이루기 위해 오늘도 변함없이 컴퓨터 앞에 앉아 있다. (자유기고가)

둥지 없는 새의 사랑 노래

심철호

1992년 7월의 무더운 오후, 퇴근을 앞둔 정신여자중학교 교무실에 전화 벨이 울렸다.

"여보세요. 박양희 씨 계십니까?"

굵고 점잖은 목소리의 전화를 받은 학교 급사 박양희는 당황했다. 아무리 생각해도 자신에게 전화를 걸어 올 사람이 없었다.

"제가 박양희인데요⋯."

"다름아니라 박양희 씨의 원고를 보고 전화를 드렸습니다."

그제야 그녀의 머리 속에 떠오르는 것이 있었다. 얼마 전 자신이 썼던 몇 편의 시가 한 출판사에서 기획한 〈독자 시집〉난에 실린 적이 있었다.

"저는 시를 쓰는 김유권이라고 하는데, 박양희 씨를 꼭 한 번 만나 보고 싶습니다."

그날 오후 박양희와 첫 대면한 김유권 씨가 말했다.

"우연히 박양희 씨의 시를 접하게 되었습니다. 부모님을 잃고 꿋꿋하게 살아가는 모습을 그린 박양희 씨의 시가 이미 아마추어의 수준을 넘고 있는 걸 알았습니다."

그러면서 그는 그녀가 시집을 낼 수 있도록 최선을 다해 돕고 싶다고 말했다. 전혀 예상치 못한 따뜻한 호의에 박양희는 뭐라 대답해야 할지 알 수 없었다.

그로부터 3년이 지난 1995년 1월, 박양희는 드디어 처녀 시집을 출간하기에 이르렀다. 〈둥지 없는 새는 마음껏 날지 못한다〉(운산문화사)라는 제목으로 세상의 빛을 보게 된 이 시집은 박양희가 견뎌낸 인고의 세월을 그대로 담고 있다.

뇌성마비라는 신체적 장애와 현실적 고통에 굴하지 않고 용기와 희망을 갖고 살아온 스물네 해 동안의 삶.

그녀는 태어날 때부터 선천성 뇌성마비라는 짐을 짊어져야 했다. 그것은 그녀가 싸워 나가야 했던 무수한 시련의 전주곡이었다. 태어나면서부터 병약했던 그녀는 언제 꺼질지 모르는 촛불과도 같은 생명이었으나, 어머니의 지극한 사랑과 정성이 위태로운 막내딸의 생명을 지켜냈다.

다행히 그녀의 장애는 그 정도가 심하지 않아 일상 생활에는 큰 불편을 주지 않았다. 약간 어눌한 말씨를 제외하면 평범한 여자아이와 다를 바가 없었다.

하지만 불행은 예견치 않은 곳에서 밀려왔다. 언제나 그녀의 따뜻한 둥지였던 어머니가 3년 간의 투병 생활 끝에 결국 세상을 떠나셨다. 박양희의 나이 채 열 살이 되기 전이었다.

어머니의 죽음으로 가뜩이나 어려운 살림은 더욱 각박해졌다. 슬픔에 잠겨 있던 아버지는 어떻게 해서든 살아 보려고 바둥거렸다. 하지만 아버지의 몸 속에서도 이미 죽음의 병균이 자라고 있었다.

병명은 간경화. 그는 네 딸을 남겨 두고 이내 아내의 뒤를 따랐다.

박양희는 그때의 슬픔을 이렇게 노래한다.

연기 되어 날아가려고 하는 당신에게
옷과 가재 도구를 드렸더니
재로 만들어 가져가신다.
마을 어귀 한 구석에 타오르는
당신의 껍질들
혼불
　―'혼불' 중에서

하루아침에 고아가 된 네 자매는 아버지의 상여가 나가는 날 뿔뿔이 흩어져야 했다. 큰언니는 서울로 직장을 찾아서 떠나고, 둘째 언니와 셋째 언니는 먼 일가 친척집으로, 그리고 박양희는 작은집으로. 그때 그녀는 초등학교 4학년이었다.

작은집에서 박양희는 울보가 되어 버렸다. 돌아가신 부모님에 대한 그리움과 어딘가로 떠나 버린 언니들에 대한 보고픔이 작은 가슴에 가득 고여 와 그녀는 날마다 아무도 모르게 눈물을 흘렸다. 더구나 그녀의 불편한 행동을 보며 놀려대는 아이들은 악마처럼 그녀의 주위를 맴돌았다.

일기를 쓰기 시작한 것이 그즈음이었다. 그녀는 일기장을 펼치고 그리운 사람들의 이름을 빼곡히 적었다. 하지만 아무도 그녀에게 돌아오지 않았고, 자고 나면 눈물에 얼룩진 일기만이 안쓰러운 듯 그녀를 바라보고 있었다.

그렇게 2년의 시간이 흘렀다.

어느 날 큰언니가 작은집으로 그녀를 데리러 왔다. 빗물이 새는 자취방이나마 자매들이 함께 살 방을 마련한 것이었다. 박양희는 언니를 보자마자 터져 나오는 눈물을 참을 수 없었다.

그날 밤 헤어졌던 네 자매는 다시 만났다.

"어떤 일이 있어도 같이 살자."

시간이 빠르게 지나갔고, 언니들은 저마다 열심히 살기 위해 분주했다. 피곤에 지친 언니들이 집으로 돌아와선 씻지도 못하고 잠속으로 빠져드는 모습을 보며 박양희가 할 수 있는 것은 공부뿐이었다.

그러던 어느 날이었다. 평소에도 몇몇 학생들만 귀여워하던 담임 선생님이 그녀를 불렀다. 그는 다른 아이들은 부모님이 다녀가시며 수고비라도 주는데 네 부모는 어떻게 된 거냐며 노골적으로 물었다.

그녀는 어물어물 사정을 말했다. 그러자 담임 선생님은 "돈이나 벌지 학교는 뭐하러 다니냐?"는 말을 남기고 그녀를 돌려보냈다. 그녀는 쏟아지는 눈물을 참으며 집으로 돌아왔다. 사람들에 대한 신뢰가 한꺼번에 무너져 내렸다. 그 시절 그녀의 일기장은 사람들에 대한 미움으로 가득했다.

얼마 후 큰언니가 결혼을 했다. 아무런 혼수도 없이 작은아버지의 손을 잡고 식장 안으로 들어서는 언니를 보며 박양희는 눈물로 언니의 행복을 기원했다.

그녀가 고등학생이 되었을 때는 셋째 언니까지 모두 결혼을 한 뒤였다.

'이제는 정말 혼자구나.'

하지만 마냥 감상에 젖어 있을 수만은 없었다. 새로이 작은 자취방을 얻어야 했고 생활비를 벌어야 했다. 어렵게 일거리를 받아다 밤샘을 하며 일을 하면 손가락이 부르트는 건 예사였다. 그나마 일거리도 많지 않았다.

하지만 그 무엇보다 견디기 힘든 건 역시 외로움이었다. 돈이 많고 얼굴이 예쁘고 공부를 잘하는 건 부럽지 않았지만 친구들의 어머니가 학교에 찾아와서 선생님을 만나고 돌아가는 모습을 보면 가슴 한 켠이 텅 비어 버렸다.

그녀는 부모님에 대한 사무치는 그리움과 하루하루의 고단한 삶을 이기기 위해 시를 썼다.

개미야 너는 어쩔래? 이 넓은 세상을 어찌 살아갈래?
너의 그 작은 몸으로 복잡한 이 세상을 어떻게 이겨 나갈래?
이 몸 살아가기도 벅찬 이 세상에
너는 얼마나 서럽겠니?
개미야 네 발 여섯 개로 뛰어라, 누구보다 힘차게 뛰어라
—'홀로된 개미' 중에서

그러던 그녀가 세상을 아름답다고 느끼기 시작한 것은 여고 2학년이 되면서부터였다. 힘겹고 외롭기만 한 그녀에게 첫사랑이 찾아온 것이다. 그녀는 언제나 온화한 미소를 가진 최근식 담임 선생님을 좋아하게 되었다. 물론 가슴속에서만 키우는 사랑이었다.

하지만 누군가를 사랑한다는 것은 자신의 역경을 이길 수 있는 힘이 되었다.

선생님이 그녀의 마음을 알았던 걸까. 어느 날 선생님은 그녀를 불러 손수 마련해 온 돼지고기와 양념장을 조심스럽게 건넸다.

"힘들고 괴로워도 양희는 잘 견딜 수 있을 거야."

선생님이 베풀어 준 온정과 다정한 위로의 말들은 그녀가 세상을 새롭게 이해하도록 만들어 주었다. 어린 시절부터 줄곧 사람을 두려워하고 경계하던 그녀의 닫힌 마음이 어느 순간인지 서서히 열리고 그 위에 사람들에 대한 새로운 애정이 싹트기 시작했다.

선생님에게 향하던 풋풋한 사랑을 뒤로하고 그녀는 여고를 졸업한 뒤, 모교인 정신여자중학교에서 급사로 일을 하게 되었다.

하지만 그녀에겐 학업에 대한 미련과 시를 쓰고 싶다는 열망이 남아 있었다. 굳이 누구에게 내보이겠다고 생각한 건 아니지만 그녀는 언제나 책을 읽고 시를 썼다. 그리고 마침내 소망하던 자신의 시집을 갖게 된 것이다.

신체적인 장애와 어린 시절의 불행을 딛고 날아오른 새, 박양희가 시집을 낼 수 있었던 것은 각고의 노력과 자신과의 싸움의 결과였다. 그녀의 시집을 받아 든 언니들과 친구들, 언제나 먼 발치에서 지켜보던 최근식 선생님은 눈시울을 붉히며 기뻐해 주셨다.

박양희는 현재 방송대학 국문학과 1학년에 재학중이다. 남들처럼 학업에만 열중할 수는 없지만 그녀는 보다 훌륭한 시인이 되기 위해 기꺼이 오늘의 힘겨움을 이겨 나갈 것이다. 힘들고 괴로웠던 둥지 없는 새의 나래를 접고 새로운 둥지를 만들기 위해. (시인)

서른일곱 시간 만의 살아 돌아옴

하지애

1995년 6월 29일. 그날은 쉬는 날이었다. 그러나 휴일을 바꾸자는 선희 언니의 부탁을 거절하지 못한 탓에 출근을 해야 했다. 어젯밤 비디오도 보고 밤늦게까지 이야기도 나누며 함께 밤을 지샌 정원이와 손을 꼭 잡고 들어서는 백화점의 분위기는 여느 날과 다르지 않았다.

무슨 연유에서인지 에어컨이 작동되지 않았고, 위층에서는 쿵쾅거리는 소리가 계속 들려 왔다. 매장의 여직원들이 오르내리며 들은 바로는 4, 5층의 천장과 바닥에 균열이 생겨 수리를 한다고 했다.

오후 다섯 시쯤, 지하 3층으로 내려갔다. 백화점 일이라는 게 하루 종일 서서 손님들을 상대해야 하기 때문에 간식을 들며 휴식을 취하는 시간이 정해져 있었다. 간식을 먹고 근무 매장인 지하 1층 아동복 코너로 향했다.

근무하고 있는 아동복 매장에 들어서면 언제나 기분이 좋았다. 울긋불긋 밝고 화려한 색깔들, 그리고 앙증맞도록 작은 옷들을 보고 있으면 인형 나라에라도 온 듯 기분이 환해졌다.

"어휴. 에어컨은 왜 가동이 안되는 거야?"

더위를 이기지 못해 자판기에서 음료수를 하나 뽑아 들고 매장으로 들어섰다. 너무 간식 시간이 길지 않았나 싶어 시계를 보니, 시계는 다섯 시 오십 분을 가리키고 있었다.

"건물이 무너진다. 도망 가!"

어디서 들리는지. 누구의 목소리인지도 모를 다급한 외침이 들려 왔다. 건물이 무너지다니…. 그게 무엇을 뜻하는 것인지 언뜻 머리에 들어오지 않았다. 우르르 몰려가는 사람들을 따라 무작정 뛸 뿐이었다. 어느 순간. 꽝! 하는 소리와 함께 땅이 푹 꺼지더니 몸이 붕 나는 듯했다. 그리고 머리에 쇳덩이라도 와서 부딪치는지 둔탁한 소리가 아득하게 들려 왔다.

내가 지금 눈을 뜨고 있는가. 감고 있는가. 아무리 눈을 비벼도 눈앞이 깜깜하기만 했다. 손을 뻗어 허우적거려 봤지만. 무거운 것들이 가로막고 있다는 것만이 느껴졌다.

"무슨 일이 난 거지? 정원이는? 여기는 도대체 어디야?"

빠르게 몇 가지 생각들이 스쳐 지나가면서. 매캐한 먼지들이 코로 입으로 들어왔다. 그리고는 마치 진공 상태처럼 아득하기만 한 속에서 가느다란 사람들의 목소리가 들려 왔다.

"살려 주세요! 여기 사람 있어요! 누구 없어요?"

뭐라 표현할 수 없을 만큼 애절한 사람들의 목소리를 들으니. 참을 수 없는 공포가 엄습하면서 눈물이 흘러내렸다.

"아무도 없어요? 구해 줄 사람 없어요?"

나도 울음인지 외침인지 모를 소리를 질러댔다. 그러면서 조심스레 몸을 이리저리 움직여 보았다. 다행히 다친 데는 없는 것 같왔다. 큰 통증이 느껴지는 곳도 없었다.

살려 달라는 아우성들 속에서 언뜻 귀에 익은 목소리가 들렸다.

"해정 언니! 경분 언니!"

따르며 가장 가깝에 지냈던 언니들이었다. 나 혼자 있는 것이 아니라는 안도감이 느껴졌다.

"승현아, 괜찮니? 난 움직일 수가 없어."

언니의 소리가 나는 쪽으로 몸을 움직이려 했지만, 육중한 무게에 눌려 꼼짝도 할 수 없었다. 언니의 신음 소리가 계속될수록 몸도 마음도 점점 옥죄는 것만 같았다.

시간이 흘러감에 따라 사람들의 신음 소리가 점점 줄어들었다. 얼마의 시간이 흘렀을까. 해정 언니, 경분 언니의 소리도 점차 줄어들더니 어느 순간부터는 아주 끊어져 버렸다. 아무리 불러도 대답이 없었다.

칠흑 같은 어둠, 사라져 가는 신음 소리들 그리고 고요. 세상이 모두 사라진 한복판에 혼자 덩그마니 남겨진 것만 같았다. 처음 느껴 보는 무서움이 밀려오기 시작했다.

엄마 생각이 났다. 분식집을 하느라 늘 바쁘던 엄마와 아버지. 병원을 몰래 다니시는 것 같아 카드를 훔쳐보기도 했었다. 왜 좀 더 착한 딸이 되지 못했을까. 때로는 생활비를 대느라 부족해진 용돈 투정을 하기도 했었다.

목마름과 배고픔이 느껴지기 시작했다. 이렇게 무섭고 암담한 상황에서도 허기가 느껴지다니, 얼핏 웃음이 나왔지만 배고픔이 강해질수록 정신도 아득해졌다.

'아냐, 난 살지도 모르잖아. 지금 이렇게 눈을 뜨고 있는데.'

그때부터 열심히 생각을 하기 시작했다.

'정원이는 분명히 살아서 나를 찾고 있을 거야. 부모님도, 지방에서 대학을 다니는 오빠도, 이제 중학생인 동생도 바로 내 머리 위에서 나를 향해 오고 있을지 몰라. 그런데 왜 이런 일이 생겼을까. 텔레비전에서 본 것처럼 우리 나라에서도 지진이 난 걸까. 아니면 폭탄이라도 터진 걸까.'

도대체 알 수 없는 일이었다. 몇 시간이, 며칠이 지났는지 모르겠지만 배고픔은 그만두고라도 갈증을 참을 수가 없었다. 밖에는 비라도 오는지 그때 마침 얼굴 위로 물방울이 똑똑 떨어지고 있었다. 오랜만에 귀에 들리는 소리였다.

빗소리가 내 기분을 조금씩 바꿔 주고 있었다. 떨어지는 물방울을 받아먹으려고 손을 뻗었다. 그러나 이 역한 냄새. 녹이 슨 철근에서 떨어지는 물이었는지 너무도 괴로운 냄새가 났다. 할 수 없이 스타킹을 벗어 물에 적셔서는 얼굴과 머리를 닦아 냈다. 훨씬 갈증이 덜해지는 것 같았다.

입에 고였던 먼지 덩어리도 뱉어 냈다. 주변을 더듬어 보니 쇠파이프인 것 같은 것이 만져졌다. 그것을 들어 얼굴 위의 천장, 몸 옆의 막힌 곳을 두들겨 보았다. 누워 있는 공간이 너무 작아 마음껏 휘두를 수는 없었지만 여기저기 꾹꾹 눌러 보기도 했다.

유리 파편이 박혔는지 온몸이 따가웠다. 몸을 어렵게 구부려 옷을 벗었다. 무서운 생각이 들면 잠을 청했다. 그리고도 시간이 지나지 않으면 즐거웠던 일, 백화점에서 실수했던 일들을 떠올리며 소리내어 웃기도 했다.

설핏 잠이 들고 어렴풋이 눈을 떴을 땐 큰일이 벌어지고 있었다. 얼굴 위에 있던 천장이 점차 내려와 몸을 움직일 공간조차 없어진 것이다. 억지로 몸을 돌려 눕고 나니 또 무서움이 밀려들었다. 이러다 저 돌덩이들에 눌린다면…. 죽음은 어떤 것일까. 난 얼마나 더 살 수 있을까. 돌에 눌린다면 고통은 얼마나 클까. 죽은 뒤에 내가 발견되더라도 내 몸은 온전했으면 좋겠는데….

그러다 또 잠이 들었다. 잠결인지 꿈결인지 어디선가 스님이 갑자기 나타났다. 아무 말없이 내게 사과를 건네주셨다. 그 순간, 눈을 번쩍 떴다. 어디선가 멀리서 깡통 소리 같은 게 들려 오고 있었다. 간간이 들리는 그 소리는 멀어졌다가는 가까워지고 또 멀어지기를 반복하면서 내 주변을 맴돌고 있었다.

가만히 들으니 사람 소리도 들리는 것 같았다.

"드디어 날 구하러 사람이 왔구나."

이젠 살았다는 표현할 수 없는 기쁨에 가슴이 벅차 올랐지만, 한편으론 그만큼 조바심도 났다. 저러다가 얼굴 위의 콘크리트가 아주 내려앉으면 어떡하나. 조금만 기다리면 난 살 수 있는데.

어느 순간, 깡통 소리와 사람들 소리가 지척에서 들려 오고, 환한 빛이 얼굴 위로 쏟아졌다. 그리고 얼마 만에 들어 보는 사람의 목소리, 살아 있는 사람의 목소리가 들렸다.

"거기 살아 있는 사람 있어요?"

나는 소리쳤다.

"살려 주세요. 여기예요."

"우리가 곧 구조해 줄 겁니다. 조금만 기다리세요."

"이름이 뭐예요?"

"박승현이에요. 오늘이 며칠이죠?"

이젠 정말 살았구나. 시간은 왜 이리 더딘지…. 드디어 발 아래쪽에서 한 사람이 기어 들어오고 있었다.

"아저씨, 저 옷 하나도 안 입었어요."

담요에 내 온몸이 둘둘 말리고, 내 몸이 번쩍 들려지고 그리고 온몸이 흔들리고 나니, 병원이란다.

내 주위는 몹시도 시끄러웠다. 여러 사람의 손길이 느껴졌다. 눈을 가린 채 듣는 목소리 속에 정말로 귀에 익은 목소리가 들려왔다.

"승현아!"

울음 섞인 목소리, 가장 그리웠던 목소리, 바로 엄마의 목소리였다.

"엄마, 나 살았지요?" (자유기고가)

공기의 울림, 북이 떨리는 모양

남정호

영국이 낳은 세계적인 타악기 연주가 에블린 글렌(30세)을 만나 보곤 오랫동안 잊고 살던 잔잔한 감동을 느낄 수 있었다.

이 시대 최고의 신예 음악가 중 한 명인 그녀는 타악기 독주라는 새로운 지평을 연 주인공이다. 오케스트라나 밴드의 보조 악기로 여겨지던 팀파니, 드럼, 트라이앵글 등 타악기만으로 독창적인 독주회를 열어 세계 도처에서 열광적인 반응을 얻고 있다.

그동안 그녀가 받은 세계적인 상만도 대영제국 훈장(O.B.E), 그래미상 등 십여 개에다 명예박사 학위가 다섯 개다. 물론 이게 전부라면 여느 신예 음악가의 평범한 얘기로 끝날 것이다. 그러나 기막힌 것은 그녀가 전혀 소리를 들을 수 없는 청각 장애인이라는 점이다.

지난 9월 초 캠브리지 근교에 위치한 그녀의 집에서 처음 그녀를 만났다. 정확히 약속 시간이 되자 산뜻한 흰색 티셔츠에 검은 가죽 조끼를 입은 전형적인 영국 미인이 밝은 미소를 머금고 나타났다. 굵게 웨이브 져서 어깨까지 치렁치렁한 갈색 머리, 커다란 갈색 눈동자, 아담하고 오똑한 콧날. 영락없이 영화 〈프리티 우먼〉의 여주인공 줄리아 로버츠를 빼닮았다. 입술 움직임을 보고 말을 이해하는 독순술을 익혀 의사 소통에 전혀 지장이 없을 거라는 이야기대로 그녀는 정확하고 세련된 어조로 대화를 이끌어 갔다.

담담하게 털어놓는 그녀의 성장사는 이러했다. 그녀가 침묵의 심연으로 빠져들게 된 때는 만 여덟 살 때부터였다. 갑자기 원인을 알 수 없는 귀 신경 마비 증세가 나타나 서서히 청각을 잃기 시작했다. 어릴 적부터 피아노에 재능을 보였던 그녀는 음악을 중단할 수밖에 없었다.

열여섯 살 무렵에 상태가 더욱 악화되어 귀가 거의 들리지 않게 되었다. 그녀는 그 무렵 오케스트라에서 실로폰을 연주하는 친구의 모습이 너무 아름다워 타악기를 시작하기로 결심했다. 청각을 잃었다 해서 음악에 대한 사랑마저 포기할 순 없었다.

청각 장애로 인해 그녀의 연습 과정은 엄청난 시련일 수밖에 없었다. 귀 대신 몸으로 소리를 느끼는 독특한 훈련을 쌓아 가야 했기 때문이다. 그중 하나가 발을 이용하는 방법이었다. 맨발을 바닥에 대고 북을 치면 그 미세한 진동이 발바닥으로 전해 와 리듬과 소리의 강약을 가늠할 수 있다는 것이다. 그 밖에도 일반인으로서는 도저히 감지할 수 없는 공기의 울림, 북이 떨리는 모양 등도 그녀가 소리를 이해하는 중요한 수단이 되었다.

그녀는 결국 영국 내에서 가장 권위 있기로 소문난 왕립 음악학교에 응시, 사상 첫 청각 장애인 학생으로 당당히 합격했다. 음악학교 진학 후에도 에블린의 피나는 노력은 계속되었다.

그녀는 말했다.

"아침 일곱 시 반부터 밤 열 시까지 매일같이 연습했다. 밥을 먹을 때나 화장실에 가서도 악보만을 생각했을 정도니 그때는 삶 전체가 음악뿐이었던 것 같다."

남다른 노력으로 졸업 때에는 최고의 성적을 기록, 여왕상을 탔다. 졸업 후 눈부신 활동으로 그녀는 단숨에 음악계의 신데렐라로 부상했으며, 게오르그 솔티, 로얄 심포니와 같은 세계적인 연주가, 오케스트라와의 협연도 성공적으로 이뤄졌다. 자연히 세계 도처에서 공연 요청이 쇄도, 그녀는 최근 수년 간 무척이나 바쁜 삶을 살고 있다. (중앙일보 런던 특파원)

15년이나 참아 왔어요

곽성민

1984년. 서울 동성고등학교에서 있었던 일이다. 한국 천주교회 설립 200주년 기념 행사가 대대적으로 벌어지고 처음으로 교황이 한국을 방문한 그 무렵이었다. 그해 가을 학교 축제 기간중에 종교부에서 특별한 사람을 초대했다.

그분은 20대의 맹인 여자였다. 어렸을 때는 정상아였는데 약을 잘 못 쓰는 바람에 시력에 이상이 오더니 급기야는 완전히 실명을 하게 되었다고 했다. 그때 그녀의 어머니가 곁에서 이렇게 말했다고 한다.

"하느님께 기도하거라. 그러면 들어주실 것이다."

이날부터 어린 소녀는 앞을 보게 해달라고 간절히 기도했다. 정말 간절히 빌었다. 그러다가 어른의 나이까지 끝도 없는 나날을 희망을 버리지 않고 기도를 해온 것이다.

그 무렵 한국 천주교회에서는 상당한 기금을 할애하여 전국적으로 맹인들에게 무료 개안 수술을 해주기로 했다. 그 엄청난 희망의 초대장이 그녀에게도 전달되었다. 그녀는 자기의 기도가 허락된 것을 기뻐하며 이루 말할 수 없는 눈물을 흘렸다.

드디어 수술을 받고, 마취가 풀려 정신이 든 다음이었다. 의사가 테스트를 했다.

"이게 보입니까?"

그런데 이게 웬일인가? 아무것도 안 보이는 것이었다. 그 여자는 그만 자신의 몸을 가누지 못하며 통곡을 했다. 그녀는 하느님께 이렇게 대들었다고 했다.

"하느님, 저는 15년을 참았어요. 앞으로도 더 참으라고 하면 저는 참을 수가 있어요. 그러나 우리 엄마는 더 이상 참을 수가 없을 거예요."

그녀의 절박한 처지를 안 의사는 드디어 결단을 내렸다. 다시 한 번 수술을 해보자고. 그녀는 두 번째로 수술을 받았다. 가슴을 조이는 운명적인 상황이 다시 찾아왔다. 수술이 끝나고 의사가 물었다.

"이게 보입니까?"

아, 뭔가 보이는 것이 있었다. 그 순간의 벅찬 감격은 어떻게 표현할 수 없는 것이었다. 그때는 명동성당 옆에 성모병원이 있었다. 그녀는 곧바로 성당으로 갔다. 마침 저녁 미사가 있어서 미사에 참례하고 영성체를 손에 받아들었다. 자기 눈으로 하얀 밀떡을 보면서 그녀는 흐르는 눈물을 억제하지 못했다. 그녀는 성체 안에 계신 예수님께 약속을 했다.

"예수님, 이제 이후부터의 제 인생은 당신 것입니다."

하느님의 사랑을 그토록 절실히 깨달은 그녀를 모두가 우러러보았다. (서울 서초동성당 주임신부)

고마운 내 친구, 고통이여

양병건

중간고사를 치르는데 처음 뵙는 감독 선생님의 눈이 휘둥그레졌다. 책상 휠체어에서 내려와 시험지를 교실 바닥에 놓고 굽은 손으로 문제를 풀고 있으니 놀라신 것도 당연했다.

"선생님, 저는 장애가 심해서 엎드려서 시험을 봐야 합니다. 양해 바랍니다."

이렇게 속시원히 말하고 싶었지만 나는 그저 입술을 내밀어 "우, 우, 우…"라는 말만 내뱉을 뿐이었다.

1973년 5월, 파란 바닷물이 춤추는 충청남도 홍성의 작은 어촌에서 나는 태어났다.

어린 시절 난 굉장히 튼튼한 아이였다. 겨울엔 신발도 신지 않고 지냈으며 사시 사철 산자락을 누비고 다녔다. 여름이면 바닷가, 겨울이면 산이 내 놀이터요, 친구요, 안식처였다.

일곱 살 때 아버지가 심장마비로 돌아가신 것말고는 내 어린 시절은 모든 것이 아름답고 풍요로웠다.

그러나 시샘이라도 하듯 갑자기 병마가 들이닥쳤다. 내가 아홉 살 되던 해였다. 학교가 끝난 뒤 40분이나 되는 길을 걸어 집에 오니 식구들은 모두 학교로 일터로 가고, 마당 멍석 위에는 빨간 고추들만 널려 있었다.

평소 낮잠 자는 버릇이 없는데 웬일인지 몸이 나른해서 낮잠을 잤다. 두 시간 정도 자고 나니 오른쪽 허리가 딱딱한 몽둥이로 맞은 것처럼 몹시 아팠다. 시간이 흐를수록 머리가 깨질 것 같아 마침내 나는 울음을 터뜨리고 말았다. 마침 밖에서 돌아오신 어머니가 내 울음 소리를 듣고 불안한 표정으로 말씀하셨다.

"아니, 병건아! 왜 그러니?"

어머니는 한 손으로 날 안으시고 한 손으로는 내 이마를 짚으셨다.

"어휴! 이 열 좀 봐! 안되겠다. 빨리 업혀라."

어머니는 나를 업고 40분이나 뛰어서 홍성군 서부면 보건소로 옮겼다. 하지만 그곳엔 치료 기구도 없고 고칠 수도 없다고 해서 나는 곧바로 홍성의료원으로 이송되었다. 그러나 체계적인 치료가 아닌 얼음 찜질만 했기 때문에 열도 떨어지지 않고 혼수 상태는 계속되었다.

오히려 악화되어 가는 내 모습을 보신 어머니는 이틀 만에 서울대학병원으로 옮기셨다. 수많은 검사와 방사선 촬영 결과 내 병명은 뇌염으로 밝혀졌다. 이제 더 이상의 치유는 바라지 말라는 의사의 말에 어머니는 그냥 주저앉으셨다. 그때 난 처음으로 어머니의 눈물을 보았다.

서울대학병원에서 한 달 이상 치료를 받았지만, 더 이상의 차도가 없었다. 병의 차도는 둘째치고 우리 가정이 감당하기에는 병원비가 너무 엄청났다. 인심을 잃지 않은 어머니가 동네 사람들에게 끌어 쓸 수 있는 빚은 모두 끌어 모았지만 병원비를 감당하기엔 역부족이었다. 조그만 구멍가게가 우리 다섯 식구의 생명줄이었는데, 면회 온 동네 아주머니들의 대화 속에서 그것마저 처분했다는 걸 알게 된 나는 어린 심정에도 괜히 살아서 가족들 고생만 시키는구나 하는 생각이 들었다.

결국 문어처럼 흐느적거리는 내 몸은 다시 홍성의료원으로 옮겨졌다. 한 가닥 희망을 붙들고 어머니는 간절하게 매달리셨다. 혼자 되신 어머니는 신앙적으로는 절대자에게 매달리셨고, 병원에서는 의사 선생님에게, 나와 단둘일 때는 내게 매달리셨다.

난 아직 철이 없었지만 옆에 계신 어머니를 위해 웃으려고 노력했다. 어머니가 힘들어하시면 내 가슴이 찢어질 듯 아팠다. 물론 어머니가 내 옆에서 간병을 하시는 동안 집안은 말이 아니었다. 끼니도 제대로 챙겨 먹지 못하는 형과 동생, 부실한 반찬과 메마른 밥, 차가운 국, 난 우리 가족 모두에게 죄인이었다. 내 병원비 때문에 가정 형편은 도저히 좋아질 기미가 보이지 않았다.

홍성의료원에서 1년 정도 버티다가 어머니는 날 퇴원시키고는 끝까지 해보자며 당신의 몸은 아랑곳하지 않으시고 날 업고 경상도 영천, 전라도 여수 등 전국의 한약방, 병원, 심지어 두메산골의 용하다는 침쟁이에게까지 다 찾아 다녔다.

그러나 남편 없이 혼자인 어머니의 뼈를 깎는 간병에도 불구하고 나의 뇌성마비 증세는 조금도 낫지 않았다. 결국 눈덩이처럼 커진 빚 때문에 객지 방문은 끝나고 어머니가 직접 집에서 물리치료를 시작하셨다.

내 몸은 낙지같이 흐물흐물해서 앉혀 놓으면 좌우로 힘없이 쓰

222

러졌다. 그런데 석 달 동안 꾸준히 물리치료를 하자, 손에 힘이 오르기 시작했고 겨우 짚고 앉을 수 있게 되었다. 1년 만에 손발에 힘이 붙고 몸에도 차츰 힘이 생겼다.

우리 모자는 기뻐서 부둥켜안고 얼마나 울었는지 모른다. 그때 난 어머니의 눈에서 쏟아지는 형언할 수 없는 눈물을 보았다. 그때까지의 모든 회한을 씻어 내는 눈물이었으며, 눈물로 얼룩진 얼굴은 오히려 광채가 났다. 그만큼 우리 어머니의 정성과 자식을 향한 헌신은 평범한 부모 자식간의 사랑을 한 단계 뛰어넘은 것이었다.

내가 힘을 얻고 방안에서 기어다니기라도 하게 되자 생계를 위해 어머니는 조그만 횟집을 시작하셨다. 횟집이라고 해봐야 두 평짜리 홀에 탁자 몇 개 놓고, 남자들도 만지기 힘들다는 생선회를 떠서 파는 곳이었다. 밤늦게 돌아오시는 어머니의 손을 보면 칼에 베어 여기저기 상처가 나고, 그 상처는 아물 날이 없이 흉터로 남았으며, 나중에는 손의 지문도 거의 찾아볼 수 없을 지경이 되었다.

횟집 덕택에 누나, 형, 남동생의 학비 조달이 가능해지고, 내 병원비 때문에 빌린 돈도 조금씩 갚아 갈 수 있었다. 우리 가정에서도 가끔 웃음이 새어 나왔다.

"사람은 태어나는 건 순서가 있지만 죽는 순서는 없다. 하지만 확률적으로 부모가 자식보다 먼저 세상을 뜨니, 내가 죽더라도 병건이 살아갈 최소한의 돈은 마련해야지."

어머니는 그렇게 말씀하시며 도다리, 광어, 붕장어의 뼈들을 추스리셨다.

몸은 조금씩 힘이 올라 가눌 수 있었지만 열서너 살이 되자 갈수록 신경이 바늘 끝처럼 예민해져 가고 육신 역시 야윈 얼굴에 광대뼈가 불쑥 튀어나왔다. 두 눈은 쑥 들어갔으며 목은 간들거렸다. 눈만 감으면 영락없는 송장이었다. 간혹 방송이나 신문에서 신병을 비관해서 자살했다는 기사를 보면 한없는 부러움을 느끼기까지 했다. 얼마나 대단한 일인가? 스스로 목숨을 끊을 수 있는 자유가 있다는 것이.

그러나 내겐 그런 용기도 없었다. 아니, 이상하게도 처참함의 끝에 도달해 있을 때면 항상 누가 나를 끌어당겨 나락으로 떨어지려는 내 생각들을 돌려놓곤 했다. 지금 생각하니 그것은 신앙이었다. 나보다 한 발 앞서서 나의 길을 예비해 두신 절대자와의 오묘한 만남이었다. 그래서 난 죽기를 포기하고 더 열심히 살아야 한다는 생각을 굳혔고, 고통의 밀림 한가운데서 끊임없이 그 고통을 참는 법을 터득해 나갔다.

고통은 고마운 내 친구. 먼 훗날 영광의 빛으로 틀림없이 인도해 줄 길잡이였다. 기쁘게 고통을 덥석 끌어안으니 고통의 과정을 뛰어넘는 놀라운 변화가 왔다. 평생을 고통의 감방에 갇혀 살도록 무기 징역을 선고받은 죄수이지만, 무엇이 문제랴!

입에 올리기도 부끄럽지만, 감히 나는 사람답게 살고 싶었다. 난 학교에 다니고 싶었다. 집에 누워 있으면 책상 앞에 앉아 공부하는 모습이 늘 아른거렸다. 또한 될 수 있으면 가족들 곁을 떠나고 싶었다. 어머니의 거칠어지고 칼에 베인 상처뿐인 손, 움푹 패인 눈, 굵어진 주름살. 이 모든 것에서 벗어나고 싶어서 이곳 저곳 수소문해 보니, 대전에 있는 지체부자유 특수학교인 성세재활학교가 있었다.

열여섯 살에 초등학교 2학년 중퇴가 최종 학력인 내가 초등학교 4학년에 편입하게 되었다. 내가 학교에 다닐 수 있다니…. 어머니는 펑펑 우시면서 날 보내셨다. 그리고 힘들고 어렵다더라도 포기하지 말고 목표를 향해 열심히 살라고 하시면서 애처롭기 그지없는 사랑하는 아들을 집에서 세 시간이나 떨어진 대전까지 보내셨다.

학교 생활과 기숙사 생활은, 갇혀 산 지 7년 만의 외출이어서 그런지 모든 것들이 생소하고 적응이 힘들었다. 아침 일찍 일어나서 방 청소하고 세수, 이불 정리, 등교 준비, 교재 챙기는 것, 과제물 정리, 화장실 사용 등은 내게 너무나 힘든 일이었다. 아무리 독한 마음을 품고 왔다지만 집에 가고 싶어서 우는 날이 훨씬 많았다.

더군다나 혼자 휠체어를 끌지 못하니, 같은 반 친구들이 밀어주기 전에는 한 발자국도 움직일 수 없었다. 화장실에 가고 싶으니 휠체어 좀 밀어 달라는 소리가 입 속에서는 나왔지만 상대방에게는 전달되지 못했다.

이틀에 한 번 정도는 바지에 대소변을 쌌고, 토요일마다 빨래와 목욕 때문에 학교에 오시는 어머니에게 내 체면은 말이 아니었다. 집에 가겠다고 우기는 나를 보고 어머니는 단호하게 말씀하셨다.

"한 번만 그 따위 소릴 하면 절대 내 아들이 아니다. 한 달 안에 대소변 처리에 적응 못하면 찾아오지도 않겠다!"

이렇게 소리치신 어머니가 홀쩍 집으로 가버리시자, 나는 무척이나 서럽고 한편으론 겁도 났다.

'엄마가 정말로 날 버리면 어떡하지?'

처음 학교 왔을 때의 각오를 되새기며 한 달 동안 정말로 열심히 살았다. 흐물거리는 몸으로 베개를 굴리고, 입으로 이불 자락을 물어서 같은 방의 친구들과 방 정리를 하고, 한 발로 바닥을 디디며 휠체어를 끌고 화장실을 다녔다. 마음을 고쳐 먹으니 모든 것들이 그토록 변해 갔으며 적응 속도도 무척 빨랐다. 열심히 아주 열심히 살았다.

사감 선생님은 특히 작곡에 많은 관심을 갖고 있는 나에게 작곡을 공부하고 있는 대학생을 소개시켜 주셨다. 자원 봉사자인 그 대학생으로부터 기초 지식도 배우고 작곡에 대한 개념도 조금씩 정립해 갔다. 또 나는 필기 능력이 떨어지므로 작곡 공부를 컴퓨터로 할 수 있도록 지도해 주셨다. 그 대학생이 내 시에다 멋지게 곡을 붙여 불러 주었을 때는 황홀 그 자체였다.

아직 중학생이므로 무엇보다 중요한 것은 고등학교에 진학하고, 또 대학 작곡과에 입학해 보란 듯이 작곡 공부를 하는 것이었다.

나는 다각도로 모색한 결과 성세재활학교 중등부 졸업생들이 가장 많이 진학한 경기도 안산의 명혜재활학교 고등부에 진학하기로 결심했다. 명혜학교는 집에서 멀리 떨어져 있기는 했지만, 사감 선생님의 적극적인 추천으로 용기를 내어 원서를 냈고 합격했다.

내 나이 이제 20대 초반의 문턱에 서 있다. 그런데 한 200년 가량 살아 온 것처럼 느껴지는 건 웬일일까? 매일 면도날처럼 날카로운 삶 위에서 곡예사처럼 가슴 조이며, 하루하루 살아온 날들을 되돌아보니 신기할 정도로 까마득하기만 하다. 나이를 한 살 더 먹을 때마다, 환경이 바뀔 때마다 벅차도록 숱한 사건과 고통의 연속, 험한 고개란 고개는 모두 내 앞에만 와 있는 듯싶었다. 의사도 포기했고, 그 누구 하나 따뜻한 눈길을 던져 준 이 없던 내가 이렇게 고등학교를 다닐 수 있다는 것은 참으로 믿기 어려운 현실이다.

그러나 아무튼 나는 이렇게 살아서 숨을 쉰다. 그리고 잠시 이렇게 학창 시절의 쉼터에서 지나온 날들을 돌이켜볼 여유도 갖는다. 진정 고맙고 기쁜 일이다. 눈물겹고 가슴 벅찬 일이다. 결국 인간이 되돌아오는 종착역은 신 앞에 무릎 꿇고 겸허하게 머리 숙이는 그곳이다. 그 모습으로 난 숙연히 20대를 받아들이고 싶다.

(가톨릭 사회복지국 200주년 장학회 전국 학생수기 금상 수상자)

희망으로 살이 오르는 삶

이영희

'난 할 수 있어, 꼭 할 수 있어.'

김형희 씨는 이를 앙다물고 팔에 온 힘을 주었다. 그러나 휠체어를 미는 팔에는 아무런 감각이 없다. 약한 허리에 힘을 주기 위해 휠체어에 몸을 묶고 팔에 힘을 주지만, 오늘 아침만도 고꾸라지길 벌써 스무 번 남짓. 이 문턱만 넘으면 뭐든 내 힘으로 할 수 있을 것 같은데 이렇게 힘이 들까. 넘어져도 아픔을 모르는 그녀지만 어머니, 아버지는 딸이 주저앉는 모습을 볼 때면 가슴이 무너진다.

"혼자 힘으로 밥 먹으면 됐어. 휠체어도 살살 밀고 다닐 수 있잖니. 엄마 아빠는 더 바라는 게 없다. 애쓰지 말아라."

병원에서 퇴원한 지 1년. 목 아래 부분은 전혀 쓸 수 없다는 의사의 선고를 받고도 꾸준한 운동 끝에 보조기를 가지고 혼자 힘으로 밥 먹고 휠체어를 밀고 다니게 된 그녀. 하지만 휠체어를 밀고 방문턱을 넘는 것만은 아버지 힘을 빌려야 한다. 혼자 힘으로 문턱을 넘어 보겠다며 1년 넘게 아침마다 벌이는 그녀의 외로운 사투를 볼 수 없다고 어머니는 일찌감치 부엌 쪽으로 자리를 피하셨

228

다. 눈자위가 붉어진 아버지만 고개를 돌린 채 그녀 곁을 지키고 있다.

그녀는 다시 한 번 힘을 모은다. 난 할 수 있어, 할 수 있어. 얼굴이 빨갛게 달아오른다. 허리가 꺾일 것만 같다. 해보자, 할 수 있어. 휠체어 바퀴가 힘겹게 문턱을 넘는다. 드르륵 쿵.

그녀가 콧김을 훅훅 뿜으며 "아빠!" 하고 부른다. 아버지가 고개를 돌려 쳐다본다.

"해냈어요!"

걸음마를 처음 시작한 딸아이를 바라보는 아버지 눈빛이 이럴까. 저 환한 눈빛. 어머니가 달려온다. 그녀는 씩 웃는다.

"할 수 있다고 했잖아요."

교통사고가 나기 전까지만 해도 김형희 씨는 겨드랑이에 날개가 돋힌 듯 무대를 훨훨 날아다니던 아름다운 무용학도였다. 성균관대 무용학과 4학년. 현대무용을 전공하면서 지금은 해체된 서희 앤 댄서즈의 단원으로 활약하는가 하면, 패션모델 일도 했다.

그러나 부모님과 두 오빠의 사랑을 듬뿍 받던 귀여운 막내인 그녀의 운명은 오랜만에 만난 여고 동창생이 바래다 주는 차를 타고 남태령 고갯길을 넘던 1992년 3월에 완전히 뒤바뀌고 말았다. 면허를 딴 지 한 달밖에 안된 친구가 운전 미숙으로 중앙 분리대를 들이박고 말았던 것이다. 차는 붕떠 나뭇가지에 걸리고 안전벨트도 하지 않고 뒷좌석에 앉아 있던 그녀는 차 밖으로 팽개쳐졌다.

그녀가 정신을 차린 것은 병원으로 가는 차 안이었다. 그녀는 소리쳤다.

"몸이 움직이지 않아. 움직일 수가 없어."

차는 새벽길을 달려 이 병원, 저 병원을 옮겨 다녔다. 하얀 병원 천장. 부산한 발자욱 소리. 열한 시간에 걸친 대수술. 병원에서 그녀는 경추 5, 6번 손상으로 인한 전신마비 진단을 받았다.

"뼈가 으스러지며 중추신경을 건드렸어요. 환자는 목 아래 부분은 앞으로 전혀 움직일 수 없을 거예요. 물론 고통도 느낄 수 없겠지요."

의사의 설명을 듣고 어머니, 아버지는 스르르 주저앉고 말았다. 하나도 아프지 않은데 중환자실에 있는 게 싫다며, 빨리 퇴원시켜 달라고 조르는 형희한테 뭐라고 얘기를 해야 하나. 창 밖의 개나리꽃은 저리도 화사하게 피었는데 우리 형희는, 형희는….

수술이 끝난 후 그녀는 주사약 부작용으로 치사율이 25퍼센트에 이른다는 스티븐 존슨병까지 걸렸다. 피부가 허물처럼 벗겨지고 따가운 병. 목 수술로 잘 나오지 않는 말을 더듬거리며 그녀는 울먹였다.

"엄마, 나 못 참아. 그만 살 거야."

딸의 사고 뒤에 다니던 직장을 그만두고, 그때부터 딸의 그림자가 된 어머니는 울며 말했다.

"형희야, 너 엄마 사랑하지. 그럼 엄마랑 끝까지 같이 있자."

그녀는 다시 한 번 펑펑 울었다. 살갗이 찢어지는 아픔보다 더한 어머니의 사랑 때문이었다.

그녀는 이를 악물고 치료를 받았다. 1주일 뒤 그녀는 기적적으로 소생했다. 그리고 3개월 뒤, 일반 병실로 옮겼다. 여섯 명이 함께 쓰던 일반 병실에는 그녀와 비슷한 중환자가 많았다. 병에는 선배 격인 그들은 한결같이 그녀를 동정하고 '가망 없음'을 안타까

위했다. 좋은 약 다 써봐도 전신마비는 절대 고칠 수 없다는 그들의 이야기를 들을 때마다 그녀는 자신의 처지가 처연해 울음을 터뜨렸다.

평생 동안 흘릴 눈물을 단번에 다 쏟아 버리듯 울어도 눈물은 멎지 않았다. 그러던 어느 날, 그녀는 침대 위로 쏟아져 들어오는 환한 빛살에 번쩍 눈을 떴다. 봄빛이, 찬란한 6월의 햇살이, 창문 틈으로 걷잡을 수 없이 밀려 들어오고 있었다. 그녀는 어머니를 졸라 휠체어를 타고 병원 마당으로 나갔다. 그녀가 병실에 누워 있는 사이에도 봄은 어김없이 찾아와 있었다.

'살아 있는 것은 모두 저렇게 자기 싹을 부지런히 틔워내는데 나는 뭘 하고 있는 거지. 나도 뭔가를 할 수 있을까. 나한테도 희망이 있을까…. 이렇게 주저앉을 수는 없어. 그래, 시간은 걸리겠지만 나는 꼭 나을 수 있어.'

그녀는 희망의 싹을 다시 일구었다. 언젠가는 일어설 수 있을 것이라는, 목발을 짚더라도 제 힘으로 일어나고 말 것이라는 믿음의 싹이었다.

9개월 간의 병원 생활을 끝내고 집으로 돌아온 그녀는 먼저 손의 감각을 살릴 수 있는 운동을 시작했다. 바둑알이랑 콩을 집어 다른 통에 옮겨 놓는 간단한 일이었지만, 콩 하나를 집어 옮기는 데도 아침 시간이 훌쩍 지나갔다. 아버지가 만들어 준 나무토막을 손으로 들어올리고, 휠체어도 살살 밀고, 보조기를 끼고 밥도 제 손으로 먹을 수 있게 되기까지 걸린 시간은 1년. 중학교 때부터 무용을 했던 데다 쉬지 않고 운동을 한 덕분에 전신마비라고 그녀의 병을 진단한 의사도 깜짝 놀랄 정도로, 더디지만 조금씩 감각이 살아났다.

손을 움직일 수 있게 되자 그녀가 도전한 것은 그림의 세계다. 국내에 두 곳뿐인 장애인 화실 〈소울음〉을 운영하는 최진섭 씨가 그녀를 그림의 세계로 이끌었다. 처음엔 같은 처지의 사람들을 만나면 새로운 운동 방법이라도 배울 수 있지 않을까 시작한 화실 걸음이었는데, 붓을 놀릴수록 색다른 맛을 느낄 수 있었다. 몸은 움직일 수 없었지만 캔버스에서만큼은 뭐든 할 수 있기 때문이었다. 꽃이 되었다가 하늘을 훨훨 날 수도 있고, 그리고 무엇보다 무용을 할 수 있었다.

그녀가 주로 그리는 소재는 무용하는 여자이다. 발레복을 입은 우아한 자세의 여자, 한복을 곱게 차려 입고 살풀이 춤을 추는 여자…. 그녀는 그림을 그리며 생각한다.

'그래, 저 여인이 살아 움직이는 때가 올 거야. 언제인지 모르지만 그래도 그날은 올 거야.'

김형희 씨의 그림은 전문가들로부터 '표현력이 뛰어나다'는 평가를 받으며 기량이 쑥쑥 자라났다. 장애인 초청 전시회 등 여섯 차례의 전시회를 거쳐 곰두리 미술 대공모전에서 입상하는 영예를 안았다.

언젠가는 부모님이 자신을 돌봐 주지 못하겠지만 그녀는 불안하거나 두렵지 않다. 사고를 당한 이후 마음이 한결 강해졌기 때문이다. 어제보다 손가락 하나를 더 움직였다고 뛸 듯이 기뻐하는 부모님이 있고, 화실 비용을 대주는 큰오빠, 그녀 때문에 결혼도 포기하겠다는 작은오빠가 있다.

오늘은 안양시 만안구에서 주최한 생활 수기 당선자가 모이는

날. 김형희 씨는 은상을 받아, 모처럼 장거리 외출에 나선다. 아파
트 정문의 문턱은 다른 곳보다 높다. 휠체어를 미느라 애쓰는 그
녀 뒤에서 어머니가 슬쩍 힘을 보태 준다. 그녀가 웃으며 말한다.

"엄마, 내가 할게요."

김형희 씨는 언젠가는 걸어서 집 밖을 나서는 자신을 상상한다.
그 희망만으로도 그녀의 삶은 기쁨으로 충만해 있다. (샘터 차장)

암을 이긴 무대

선경식

분명히 무슨 일이 일어난 것이다. 엄청나게 나를 압도하는 일이. 숨소리도 들릴 것 같은 정적. 의사는 내 진료 기록장에 무얼 자꾸 적는다. 영어로.

그것이 무얼 의미하는지 알 것 같았다. 입 안이 타 들어가는 그 고약한 정적을 내가 먼저 깨고 싶었다. 하지만 목소리를 가다듬어 "병이 깊은 모양이지요?" 하고 물었더니 의사는 퉁명스런 목소리로 "보호자 없어요?" 하고 되묻는다. 불안했던 마음이 완벽하게 맞아떨어지는 찰나다.

"그냥 제게 말씀해 주세요."

내 딴에는 당신의 어려운 입장을 이해한다는 듯 말했다. 의사는 고개를 끄덕이더니 나의 CT필름을 뷰박스에 건 다음 전등 스위치를 올렸다.

"사진 보실까요? 오른쪽 여기, 여기 보이죠?"

아무것도 보이지 않았다. 눈을 헛뜨고 있는 것이다.

"여기 겨드랑이도 그것 같아요."

중견 연극배우 이주실 씨(53세)는 연세대 세브란스 병원에서 유방암 선고를 받은 뒤 '시린 가슴'으로 일기장에 이렇게 적었다. 1993년 초여름 어느 날이었다.

〈주치의가 서명한 입원 지시서를 받아 들고 갈 길을 잃었다. 젖 가슴의 암세포가 겨드랑이에 새끼를 치도록 몰랐다니…. 이제 나 에게 요술 지팡이는 없다. 그것(?) 그것이라.〉

담당 의사는 '보호자 없는 환자'가 측은했던지 차마 암이란 단어 를 입에 담지 못하고 '그것'이라고 표현했다. 그러나 그녀의 증세 는 유방암 3기에 암세포가 임파선으로 전이된 상태였다.

그녀가 '그것'의 징후를 알게 된 것은 이보다 보름 전쯤 둘째 딸 단비(13세)와 함께 욕실에서 목욕을 하면서였다. 단비는 엄마의 젖가슴을 만지더니 "엄마 쭈쭈에 구슬이 들어 있나 보다"고 신기 해 했다. 그리고는 욕실 밖에 있는 언니 도란(27세)에게 외쳤다.

"언니도 와서 한 번 만져 봐!"

10년 전 성격 차이로 남편과 헤어진 그녀에게 도란과 단비는 마 음의 끈이자 삶의 줄이었다. 두 딸은 의학 서적을 뒤적이며 엄마 의 젖가슴에 박혀 있는 '구슬'의 정체를 알아내려고 부산을 피웠 다.

며칠 뒤 그녀는 의사의 진찰을 받아 보기 위해 집을 나섰다. 그 러나 동네 병원 앞을 빙빙 맴돌 뿐 선뜻 발을 들여놓지 못했다. 그 러다가 집에서 멀리 떨어진 어느 병원 문을 밀치고 들어갔다.

결과는 심상치 않았다. 의사는 큰 병원으로 가서 정밀 진단을 받아 보라고 권유했다. 그래서 찾아간 곳이 연세대 세브란스 병원이었다.

1965년 9월 〈망향〉(오사랑 연출)의 주인공으로 데뷔한 이후 30여 년 동안 연극배우, 탤런트, FM 라디오 DJ로 이름을 날리던 그녀는 수술하기 위해 입원 수속을 밟으라는 말을 듣는 순간 차라리 홀가분했다.

그녀는 말한다.

"왠지 모르게 머리 속이 하얘지면서 마음이 편안하더군요."

그의 친구인 소설가 남지심 씨가 느낀 것처럼 그가 받아들인 인생은 그가 감당하기에 그만큼 벅찬 것이기 때문이었을까.

그녀는 그해 11월 초 오른쪽 유방과 오른쪽 겨드랑이 임파선 절제 수술을 받았다. 입원한 지 열이틀 만에 퇴원한 그녀는 항암제 주사를 계속 맞았고 차츰 머리카락이 빠지기 시작했다.

그녀는 방안에 힘없이 누워 있든지 아니면 고통에 겨워 손톱이 보랏빛이 되도록 방바닥을 기어다녀야 했다. 밥도 제대로 먹을 수 없었다. 살기 위해서 살아야 하는 건지, 인간답게 살아야 하는 건지 갈등을 느꼈다.

1994년 봄 그녀는 고민 끝에 두 딸을 캐나다 토론토에 사는 남동생에게 보냈다. 단비는 아예 입양을 시켰다. 하루 종일 엄마 걱정에 안절부절못하는 딸들을 그대로 두고 볼 수가 없었던 것이다. 그것은 죽음을 눈앞에 둔 이씨와 딸들간의 '이별 연습'이었다.

그녀는 서울에 혼자 남아 1년 동안 항암 치료를 받았다. 그러면서 연극과 텔레비전 드라마에 출연했다. 활동해도 좋다는 주치의의 허락이 있었지만 '쌀과 치료비'를 벌어야 했기 때문이다. 항암제 주사 한 대에 17만 원은 큰 부담이 아닐 수 없었다.

그녀는 1994년 봄부터 가을까지 예술의 전당에서 특별 기획한 〈덕혜옹주〉에 1인 3역으로 출연했으며, 11월에는 일본 공연에도 참가했다.

연출가 한태숙 씨에게는 암에 걸려 투병중이라는 사실을 미리 알렸다. 그러자 연출가는 말했다.

"당신은 살 수 있다. 그리고 연극에서도 실수하지 않을 것이다."

1995년 여름에는 영화 〈아름다운 청년 전태일〉에 어머니역으로 출연했다. 그때 연극배우이자 연극 기획자로 전태일의 아버지역을 맡은 명계남 씨를 만났다. 연극계 선후배 사이인 두 사람은 촬영 기간중 많은 얘기를 나누던 끝에 서로 힘을 모아 좋은 연극을 한 번 해보자고 약속했다.

그후 수시로 만나 작품을 고르다가 이씨는 조심스럽게 자신의 속얘기를 동생 같은 명계남 씨에게 털어놓았다. 유방암 수술을 받았으나 절망하지 않고 있으며 죽음에의 두려움은 이미 극복했다는 것을. 그리고 절망감에 몸부림치는 암 환자와 그 가족들에게 죽음과 절망을 극복한 자신의 모습을 보여 주고 싶다는 것을.

명계남 씨는 자신의 아픔과 치부를 부끄러움 없이 드러낸 채 삶과 정면으로 맞서 활기차게 사는 그녀의 모습에 감동하여 암 투병 여배우의 50년 인생을 무대에 올리기로 결심했다.

이때부터 1년이 넘는 준비 기간을 거쳐 선을 보인 것이 96년 11월 29일부터 서울 대학로 인간소극장에서 공연중인 모노드라마 〈쌍코랑 말코랑, 이별 연습〉이다. 대본은 그녀가 그동안 기록해 온 일기를 바탕으로 극작가 오은희 씨가 눈물을 흘리며 각색했다.

"일기는 초등학교 시절부터 써왔지만 죽음이 내 어깨를 툭 친 무렵부터는 더 진지하고 안타까운 마음으로 썼지요."

쌍코와 말코는 딸 단비와 도란의 애칭. 이 세상 무엇과도 바꿀 수 없는 두 딸과의 후회스럽지 않은 이별을 준비하기 위해 그녀는 스케치북에 4B 연필로 쓴 일기를 두 딸에게 복사해 나눠 주었다.

그녀는 현재 항암 치료를 중단한 상태이다. 머리카락이 빠져 가발을 쓴 채 연기를 하고 싶지 않은 데다. 환자처럼 사느니 하루를 살더라도 배우로 남기를 원하기 때문이다. (시인)

작은 이야기 1
- 평범한 사람들의 행복 만들기

1997년 11월 25일 1판 1쇄 펴냄
2003년 9월 15일 1판 22쇄 펴냄

지은이 | 정채봉 · 류시화
펴낸이 | 김성구

기획실장 | 임왕준
기획출판부장 | 오연조
기획 편집 | 박경란 김영희 오윤경 정리태
디자이너 | 최인경
제작 | 임혁빈

펴낸곳 | (주) 샘터사
등록 | 1998년 9월 18일 제1-2374호
주소 | 서울시 종로구 동숭동 1-115(110-809)
전화 | 763-8961~6(편집부) 742-4929(영업부)
팩스 | 741-7270(편집부) 3672-1873(영업부)
e-mail | book@isamtoh.com

ISBN 89-464-0514-7
ISBN 89-464-0513-9 (세트)

＊이 책에 실린 글들은 월간 〈샘터〉에 실린 것들로서,
   최대한 그 글의 원작자나 저작권자에게 게재 허락을 받았습니다.
   하지만 연락이 불가능한 분들도 있었습니다. 그 분들이 연락을 해주시면 게재 허락을 받겠습니다.
＊저자와 협의하여 인지를 붙이지 않습니다.
＊잘못된 책은 본사나 구입하신 서점에서 바꾸어 드립니다.